Comment avoir une réponse facile

en 15 Leçons

JACQUES IRMIN

Comment avoir une réponse facile

en 15 Leçons

ÉDITIONS NILSSON
8, RUE HALÉVY, 8
PARIS

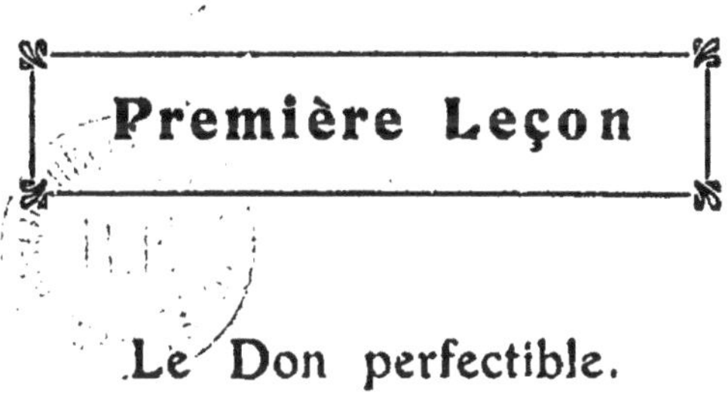

Première Leçon

Le Don perfectible.

On a souvent comparé un vif débat oratoire à une joute où les adversaires se livrent à de brillantes passes d'armes.

Certains de ces débats ne sont, en effet, que des rencontres où la gloire des combattants est seule en jeu.

Comme dans les luttes à main armée, on suit avec émotion les attaques brusques ou sournoises et les passades habiles et dangereuses.

Si l'on apprécie la fougue de l'assaillant on n'admire pas moins l'à-propos de celui qui sait la paralyser et la dompter.

Il est vrai que la défensive, si elle est bien conduite, peut fournir des coups particulièrement redoutables.

L'histoire est là pour nous prouver que ces joutes peuvent devenir fatales à celui des deux champions qui, ignorant la science de la parade, laisse venir les coups sans avoir préparé la riposte qui convient.

La défensive, si elle est bien comprise, peut, dans les luttes par les armes, comme dans les luttes oratoires, fournir des répliques particulièrement victorieuses.

Aussi la tactique de maints champions consiste-t-elle

à subir une agression qu'ils savent enrayer au moment voulu par une riposte savante, bientôt dégénérée en atteinte profonde.

Dans les conflits oratoires également, la réplique tient presque toujours une place prépondérante.

Un orateur connu développait un jour devant quelques auditeurs des arguments qui semblaient devoir ruiner intégralement la réputation d'un collègue détesté.

— Mais, lui dirent ses amis, il vous serait facile de le confondre en public. Pourquoi ne le faites-vous pas ?

— Je ne l'attaquerai jamais, répliqua-t-il.

— Pour quelles raisons ?

— Il me répondrait.

— Eh bien ?

— Je connais ses ripostes; elles sont d'une habileté et d'une vigueur déconcertantes, et, si réels que soient ses torts, il ne manquerait pas de se rendre sympathique à mes dépens.

— Pensez-vous donc le laisser impuni ?

— Non certes, mais j'attendrai et je prendrai le prétexte de sa première provocation pour l'anéantir dans une foudroyante réplique.

L'art de la réponse est donc une force dont il serait imprudent de méconnaître les effets.

Ceux qui le possèdent, exercent sur leurs interlocuteurs une supériorité incontestable et, à moins de se trouver devant un contradicteur exceptionnellement habile, ils sont assurés d'avoir toujours le dernier mot.

Mais on ne doit pas s'y tromper, il en est de cet art comme de tous les autres, il ne s'acquiert que par l'étude des moyens regardés comme indispensables à son apparition définitive.

Une erreur trop répandue attribue la facilité de réponse à un don naturel de l'esprit.

L'esprit seul ne suffirait pas à donner à la réplique toutes les qualités qui lui conviennent.

Et ceux qui s'en tiendraient à leur facilité naturelle comme à une faculté dont ils se croiraient gratifiés, ne tarderaient pas à battre piteusement en retraite, devant un adversaire qui aurait cultivé ce don.

Et d'abord, qu'entend-on par ces mots :

Avoir de l'esprit.

Et qu'est-ce que « l'esprit? »

« L'Esprit, a dit un célèbre philosophe, c'est le piment du raisonnement. »

« C'est, dit un autre penseur, l'essence de l'argument dont le raisonnement est la substance ».

Un poète oriental a dit :

« L'esprit est la fleur de l'arbuste au feuillage sévère que l'on appelle Raison. »

Pour recourir à des définitions moins symboliques, on pourrait dire que l'esprit est la faculté d'amener, sur l'écran du cerveau, la formation d'images, dont la vérité se nuance d'originalité.

L'esprit est encore — et ceci est très important dans l'étude de la réponse, — l'esprit est, disons-nous, une disposition particulière de l'imagination, nous portant à envisager les choses sous un point de vue qui nous est particulier.

Cette aptitude se manifeste sous les aspects les plus divers.

Chez les uns elle affecte la forme de la gaîté.

Chez les autres elle se nuance de scepticisme.

Elle prend parfois le ton de l'amertume.

Elle adopte souvent le parti de l'humour.

On a souvent comparé l'esprit à la mousse légère montant d'un vin capiteux.

Il serait cependant erroné de dénier à l'esprit, si léger qu'il paraisse, certaines propensions à la profondeur.

Même lorsqu'il se montre sous un aspect frivole, il est toujours le résultat d'observations qui dénotent, chez celui qui le produit, un développement de la pensée, dont l'ampleur dépasse souvent la portée apparente des mots.

On prête un rôle trop absolu à ce qu'on appelle : « l'esprit naturel ».

Il se rencontre, il est vrai, chez certaines gens, une propension innée à voir les choses sous les apparences les moins classiques et à discerner très vite le point susceptible d'échapper à la banalité.

Ils ont une façon imprévue de tout considérer.

Ils ont aussi des formules personnelles pour exprimer leur opinion.

C'est là ce qu'on appelle « l'esprit naturel ».

Mais si cet esprit reste inculte, il sera le tourment de celui qui le possède, car mal renseigné sur la valeur des remarques que lui inspirera cette disposition particulière de juger les choses, il sacrifiera parfois ses intérêts à une saillie.

L'écueil le plus fréquent de l'esprit naturel non cultivé est la médiocrité, qui ne tarde pas à engendrer la monotonie et parfois pis encore : la vulgarité.

Le phénomène qui se produit ici est le même que celui qu'il nous est donné de constater dans l'œuvre de la germination.

Personne n'ignore que le renouvellement des semences est indispensable à la prospérité d'une culture.

Or, l'esprit qui ne se renouvelle pas, est celui qui ne sait emprunter à l'extérieur aucun élément de diversité.

Il vit sur lui-même et s'épuise.

Son originalité, faute de se réconforter et de s'amplifier aux sources du dehors, ne tarde pas à s'atrophier.

Ses aperçus perdent leurs qualités prime-sautières.

Ses formules tendent à la répétition de la forme.

Enfin l'imprévu des réponses, au lieu d'éclater brillamment, se ternit de l'effort, trop souvent mal récompensé.

Il est un axiome d'une vérité incontestable :

« Qui ne progresse pas regresse. »

Ceux qui désirent cultiver l'art de la réponse facile devraient se le répéter souvent.

L'éducation de l'esprit doit être cultivée, aussi bien que celle de l'intelligence, car toutes les qualités naturelles ne prévaudront pas contre le manque de renouvellement des aperçus et le défaut de variété dans les connaissances.

A mesure que se restreint le champ des acquisitions, l'esprit, toujours maintenu dans les mêmes horizons, perd de son imprévu et de sa saveur ; il ne s'envole plus, il marche dans les sentiers battus, avant de se traîner dans ceux de la banalité.

La laideur, la fadeur et la platitude des répliques sont toujours le résultat de cet emprisonnement, car il n'est pas de dispositions naturelles qui résistent au défaut de culture.

Certes, la tendance initiale est une chose précieuse et il serait vain de le nier.

Mais tout le monde sait qu'il ne suffit pas de posséder une étoffe rare et magnifique pour avoir un bel habit.

Tel vêtement, fait d'admirable brocart, s'il est taillé de façon défectueuse, sera infiniment moins plaisant à l'œil qu'un habit d'étoffe ordinaire, conçu de façon à réunir l'harmonie de la forme à celle des ornements et de la couleur.

Il découle donc de ces observations que l'éducation de l'esprit est indispensable à son développement.

Mais avant d'étudier les systèmes qui peuvent aider à cette acquisition, il est bon, après avoir défini, ainsi que nous venons de faire assez brièvement, ce qu'est l'esprit, d'analyser les multiples formes sous lesquelles il se manifeste et les tendances diverses qui font de cette faculté un formidable élément de réussite.

Le mot « esprit » s'applique à bien des façons d'être de l'âme ou de l'intelligence.

Nous venons de voir ce qu'on entend par le mot « esprit ».

L'intelligence est également une aptitude à comprendre, c'est aussi une faculté qui permet de saisir une idée, mais on ne doit pas la confondre avec l'esprit.

L'intelligence se rapporte surtout à l'entendement.

Elle est une auxiliaire précieuse de l'esprit, en ce sens qu'elle permet la conception, c'est-à dire l'acte créateur de la pensée, qui, après avoir conçu l'idée s'en forme une image, dont la représentation en fixera la valeur.

Le travail de la conception se trouve à l'origine de toutes les manifestations de l'esprit, en même temps que de celles de l'intelligence.

Il n'en est pas de même pour la phase de l'entendement, qui se rapporte surtout à cette dernière faculté.

Le phénomène de la conception est essentiellement actif.

Celui de l'entendement est surtout passif.

L'entendement comprend ce qui a déjà été conçu.

L'entendement reçoit et garde les connaissances.

Est-ce à dire que son rôle sera nul dans les manifestations de l'esprit ?

Non certainement, car, ainsi que nous allons nous en convaincre, tous les labeurs du cerveau doivent concourir à alimenter l'esprit qui, suivant les circonstances diverses, trouvera dans sa réserve l'aliment nécessaire à la construction de la réponse facile.

Il est donc évident que le mot « esprit » peut être traduit de bien des façons différentes et qu'il exprime bien des états divers.

Cependant, on peut dire d'une façon générale que le terme « esprit » désigne toujours une partie de l'âme en opposition avec la partie sensitive.

On nomme partie sensitive celle qui reçoit les impressions sensorielles, c'est-à-dire celles qui viennent du dehors par le moyen des cinq sens et celles qui concernent les appétits sensuels.

La place de l'esprit est donc restreinte chez une personne uniquement impressionnée par des sensations matérielles.

La Rochefoucauld a dit :

« On est quelquefois un sot avec de l'esprit, on ne l'est jamais avec du jugement. »

Paroles graves que devraient méditer ceux qui cultivent l'art de la réponse.

L'esprit, en effet, ne consiste pas seulement dans une vive répartie.

Si cette saillie ne vient point à son heure et à sa place, elle peut produire l'impression d'une fausse note.

Avant de chercher à faire montre de la vivacité de ses conceptions, il est donc indispensable de se pénétrer de toutes les acceptations du mot « esprit » et de ne déployer qu'à bon escient celui que l'on croit posséder.

L'esprit est souvent une révélation du caractère, une façon particulière de sentir.

On dira : « C'est un esprit sage » ou : « C'est un esprit déséquilibré ».

C'est aussi une tendance caractéristique.

Certaines personnes ont l'esprit d'abnégation, d'autres ont l'esprit égoïste.

On emploie aussi le terme « esprit » pour exprimer une opinion ou une évolution.

C'est ainsi qu'on constatera à chaque époque un penchant spécial qualifié « esprit du temps », qui est le résumé de l'ensemble des sentiments et des idées qui marquèrent cette période.

Le mot « esprit » s'applique encore au sens général exprimé dans une phrase, abstraction faite des termes qui la composent.

Il arrive parfois que le sens matériel des mots soit indépendant de celui qu'on y attache. Cette distinction est connue et se traduit ainsi :

L'esprit et la lettre.

La lettre se rapporte au sens usuel des paroles et l'esprit en est le sens subtil, accessible seulement aux délicats de la pensée.

Ceux qui savent manier ce genre d'esprit sont des adversaires dangereux dans l'art de la réplique.

Il est encore indispensable d'apprécier la valeur de cette locution : « Être dans l'esprit voulu. »

Cela signifie : savoir se pénétrer du sens de la pensée de l'interlocuteur, s'assimiler la substance et la nature des idées qu'il s'agira de rétorquer ou d'admettre.

Celui qui ne sait pas se maintenir dans l'esprit voulu ne connaîtra jamais le succès de la réponse facile.

Il sera semblable au champion qui, au lieu de placer judicieusement ses coups, les distribuerait à tort et à travers.

Il ne toucherait que rarement son adversaire, mais recevrait à chaque passe une quantité notable de horions.

Or, on ne l'ignore pas : les paroles causent parfois des blessures moins guérissables que celles des armes.

Quel est donc le moyen de se défendre efficacement, soit en prévenant les coups soit en les rendant avec usure ?

Que le conflit verbal soit courtois ou qu'il s'envenime jusqu'au débat le plus vif, celui qui a étudié l'art de la réponse facile est certain de triompher, s'il veut s'adonner à l'étude des préceptes qui vont suivre.

Deuxième Leçon

Deux études : Oubli et rééducation.

Il arrive fréquemment que l'esprit naturel, mal alimenté par la paresse, desservi par le milieu ou influencé d'une façon défavorable, adopte des tendances défectueuses, qui l'inclinent vers la vulgarité, la banalité ou l'indigence.

C'est alors que s'impose la nécessité des deux études mentionnées en tête de ce chapitre :

L'oubli ;

La rééducation.

« Cultivons notre jardin », disait Candide.

Or, pour cultiver avec fruit, il est essentiel de libérer le terrain des produits défectueux, provenant du déchet des semailles précédentes ou des germinations nuisibles.

Celui qui négligerait d'agir ainsi et voudrait mêler les deux récoltes serait certain d'enregistrer un insuccès, car les ferments anciens étendraient sur les pousses nouvelles leur ombre stérilisante et l'ensemble de la récolte atteindrait à peine la médiocrité.

Le cultivateur avisé, au contraire, arrachera soigneusement les anciennes racines, il nivellera le terrain, le laissera reposer, et, le temps venu, l'ensemencera à nouveau.

C'est à un labeur analogue que devra se livrer celui qui veut cultiver l'art de la réponse facile.

Le travail de l'arrachement et l'effort vers l'oubli précéderont les tentatives d'acquisition.

Il est bien entendu que ces conseils s'adressent aux adultes et non aux enfants.

Ces derniers se trouvent généralement possesseurs du genre d'esprit que l'on a entretenu en eux.

Ce genre d'esprit, bien des raisons s'opposent à ce qu'ils puissent l'apprécier :

Leur jeune âge, d'abord, qui leur interdit tout jugement empreint d'une véritable personnalité.

Ensuite la stupide admiration de la plupart des parents, dont l'amour se traduit vis-à-vis de leurs enfants par une indulgence mal éclairée.

Ils se pâment d'aise aux saillies du bambin, sans s'arrêter à la puérilité de ces bavardages enfantins et ils les répètent à tout venant, en les citant comme des traits d'esprit remarquables.

C'est alors que se produit le phénomène ordinaire : chaque récit s'embellit et s'amplifie si bien qu'il ne reste que peu de chose de la répartie initiale, qui, défigurée perd le seul charme qui la parait : celui de la simplicité.

En sorte que l'enfant, ainsi maladroitement adulé, se croit obligé de soutenir sa réputation et babille à tort et à travers, sans se douter de la portée de ses paroles.

L'habitude de voir s'épanouir le visage de ses parents à ses moindres saillies, l'incite à les multiplier.

A ce jeu, toutes ses qualités naturelles s'évanouissent, et, comme le terrain où il évolue se trouve forcément très étroit, il en vient à des redites fastidieuses ou à des recherches qui détruisent toute la spontanéité de ces réponses.

Cependant l'approbation toujours immuable des parents l'encourage dans la production de ce que l'on nomme « des reparties charmantes » et toute la grâce primesautière de ses réponses s'anéantit dans une insignifiance maniérée, dont la fausseté rend le pauvre enfant odieux aux étrangers.

Mais là ne se borne pas le dommage.

Parvenu à l'âge d'homme, l'habitude de se voir complimenter sans réserve l'ayant rendu audacieux, il aura à subir des affronts qui le déconcerteront d'abord et le forceront bientôt à rentrer en lui-même.

S'il est intelligent, il reconnaîtra ses défauts et cherchera à s'en corriger.

Il sentira le prix des réponses faciles et aura le désir de posséder réellement l'avantage que l'aveuglement de ses parents lui concédait jadis.

En rassemblant ses souvenirs, il retrouvera dans un coin de sa mémoire quelques-unes des reparties qui faisaient jadis pâmer d'aise ses trop indulgents éducateurs et ceci, avec d'autant plus de facilité, qu'ils n'ont pas manqué de renouveler sa mémoire en les lui répétant à satiété.

Il déplorera alors le système d'éducation dont il fut, à la fois, le héros choyé et la victime.

Et, tout en s'apitoyant sur la pauvreté des répliques qu'on célèbre encore, il comprendra que, bien discipliné et soumis à une juste critique, son esprit de repartie eût pu se développer hors des sentiers de la banalité.

Il recherchera alors le moyen de rencontrer cette originalité d'impression et ce bonheur d'expressions qui sont les apanages de ceux qui ont la réponse facile et cette recherche le conduira à l'adoption de la formule énoncée au commencement de ce chapitre, formule dont la première phase est l'oubli.

Qu'entend-on par ce mot et de quel oubli peut-il être question ?

L'oubli dont nous parlons ici consiste dans la volonté de *désapprendre*.

On pourrait comparer cet effort au travail d'arrachement, dont il est parlé plus haut.

Le premier soin résidera dans l'effort qu'il faut produire pour extirper de sa mémoire les procédés habituels.

A mesure que les formules familières se présenteront à la mémoire on les rejettera.

On obtiendra alors le résultat suivant :

Ces formules surgiront d'abord avec moins d'insistance.

Bientôt elles perdront de leur netteté.

Les images qu'elles reproduisent s'estomperont peu à peu.

Enfin, le défaut de sollicitation mentale opérant son prodige ordinaire, elles deviendront si légères et si confuses, que leur fuite définitive serait à peine remarquée, si elle n'était attendue et escomptée.

C'est à ce moment qu'une courte période de silence s'impose.

Il est bien entendu que le mot silence n'est pas ici la traduction d'un mutisme absolu. Le silence dont il est question n'a trait qu'aux reparties, qu'il est indispensable de raréfier si l'on ne peut entièrement les supprimer.

Il est rare que celui qui a le courage de s'adonner sincèrement à cette sorte de retraite mentale, tarde à en recueillir les bénéfices.

L'esprit n'étant plus sollicité, les images anciennes étant volontairement écartées, toutes les paroles passées au crible d'une critique sincère, on obtiendra un résultat du plus heureux effet : la préparation au renouvellement.

La cohue inutile et malfaisante des formules anciennes une fois chassée du cerveau, celui-ci s'ouvrira largement pour recevoir les nouveaux conseils.

Le repos venant de l'inaction passagère lui ayant été favorable, il sera prêt à accueillir, dans un terrain débarrassé des broussailles des lieux communs et des banalités, les germes de choix qu'une sélection y transplantera.

Le moment sera venu alors de le faire fructifier par le moyen d'une habile culture.

Ce que nous venons de dire au sujet des phases de la rééducation peut s'appliquer également à la simple recherche de la facilité de réponse.

La période d'oubli et de méditation précédant celle du silence partiel doit être observée dans tous les cas, puisqu'elle prépare l'entrée dans le domaine de la réflexion.

On a le grand tort de croire que ceux qui ont la réponse facile trouvent sans aucun travail ces reparties qui font leur succès.

Si l'effort présent n'est pas sensible, il n'en est pas moins le fruit d'un labeur antérieur, dont les effets se produisent dans le sens vers lequel on les a fait tendre.

L'application vers la spontanéité comporte un programme assez complexe.

Il s'agit d'abord de s'exercer à faire jaillir du terrain, déblayé de la pensée vulgaire, des idées se rapportant au sujet qui motive la réponse.

Ces idées devront se présenter tout armées, c'est-à-dire qu'elles seront porteuses des armes offensives ou défensives, qui sont appelées à concourir tour à tour à leur succès.

Il est assez rare, en effet, qu'une réponse n'entraîne pas une sorte de controverse.

Celle-ci, plus ou moins acerbe, tantôt passionnée tantôt décisive sous sa forme courtoise, sera toujours le signal d'un nouvel engagement.

Afin de préparer des reparties efficaces, il est donc nécessaire d'avoir prévu les ripostes possibles.

Ceux qui se contenteraient de rechercher la spontanéité dans la repartie, sans songer aux digressions que celle-ci peut soulever de la part de l'interlocuteur, courraient à un échec certain.

La spontanéité sans la prévoyance ne sera jamais qu'une qualité médiocre.

Elle peut même représenter un danger.

Les spontanés sont souvent des étourdis ou des brouillons, qui n'admettent pas les conséquences de leur réplique.

Celle-ci peut provoquer des aperçus qu'ils n'ont pas envisagés, ou même des reparties équivalant à de véritables agressions verbales.

S'ils n'ont pas su les prévoir, ils se trouveront dans un état certain d'infériorité et perdront le bénéfice de la spontanéité.

La qualité de la spontanéité devra donc être impérieusement contrôlée.

Tout en lui gardant le caractère primesautier qui en fait le mérite, on s'efforcera d'en bannir l'étourderie.

Il est des évaporés dont les réponses, empreintes d'une spontanéité indiscutable, n'en sont pas moins périlleuses à plus d'un titre.

Le plus mince des désagréments qui en découle consiste dans un embarras déconcertant.

Trop souvent, la honte d'une défaite qu'un peu de réflexion préventive eût transformée en victoire, atteint l'imprudent qui, par une réflexion dont la spontanéité était exempte de prévoyance, a ouvert la porte aux arguments décisifs de l'adversaire.

On évitera encore la réplique dont la nature pourrait donner lieu à une digression, entraînant sur un terrain mal connu.

La spontanéité est donc un art qu'il est indispensable de cultiver, car il s'acquiert au même titre que tous les dons de l'esprit.

Le défaut contraire est infiniment répandu. Il porte un nom plein de symbolisme, on l'appelle : l'esprit de l'escalier.

Les gens qui sont affligés de ce genre d'esprit, sont ceux qui, n'ayant rien trouvé à répandre dans le salon ou dans la salle, se trouvent tout à coup illuminés dans l'escalier, — c'est-à-dire lorsqu'ils sont livrés à eux-mêmes — par les paroles qu'ils auraient dû prononcer.

L'escalier est pour quelques-uns remplacé par le trottoir au par la route, mais l'expression imagée peut quand même leur être appliquée, car c'est à la sortie et tout à fait hors de propos qu'ils conçoivent les réponses qu'ils se désolent de n'avoir point faites.

Nous aurons à reparler des affligés de l'esprit de l'escalier dans un chapitre prochain, qui déterminera et analysera les causes les plus communes de ces lacunes de l'intelligence.

Insistons seulement sur leur dépit habituel, bien fait pour les encourager à cultiver la spontanéité.

La recherche de l'originalité pèse encore d'un grand poids dans la science de la réponse.

Mais cette originalité doit être surtout de bon aloi.

L'originalité n'est pas l'excentricité voulue.

C'est une propension à juger les choses sous un jour qui n'est pas celui qui frappe les yeux du vulgaire.

C'est la recherche de l'imprévu.

C'est le désir d'apprécier les choses à un point de vue spécial.

C'est quelquefois aussi une volonté de négliger les côtés saillants d'une idée, pour n'en voir que celui dont les gens ordinaires ne s'étaient pas préoccupés.

C'est enfin l'émission d'un jugement dont la sentence peut se targuer d'imprévu.

Un gros écueil à éviter pourtant : l'incohérence.

Celui qui recherche l'originalité dans la réponse ne saurait être assez sévère vis-à-vis de lui-même, en ce qui concerne la qualité de l'idée émise.

Tout désordre, tout manque de cohésion sont autant de raisons d'insuccès.

Comme la spontanéité, l'originalité s'étudie, se cultive et s'acquiert.

Nous aurons du reste l'occasion de le constater plus d'une fois : toutes les reparties célèbres sont dues à un entraînement basé sur des principes certains.

La réponse facile est toujours le fruit d'une observation soigneusement mûrie qui, tôt ou tard, trouve son application.

L'art de la réponse est semblable aux ornements délicats, dont la légèreté masque la solidité du monument.

Derrière l'apparente futilité des détails, on doit pressentir la masse imposante de l'édifice qui les soutient, les met en valeur et leur donne toute leur importance.

Les figures les plus délicates ne prendraient aucun relief, si l'on entreprenait de les fixer sur le sable.

Avant leur complet achèvement elles se désagrégeraient sans qu'on ait pu en apprécier la grâce.

Celui qui veut avoir la réponse facile ne doit donc pas rechercher seulement l'originalité et le brio de l'esprit.

Sous peine de tomber dans la banalité, ou, qui pis est, de se servir de clichés déjà connus, il devra asseoir sa fantaisie sur les bases d'une étude véritable.

Ce n'est qu'après s'être largement pénétré des principes que nous allons émettre, qu'il donnera carrière à sa verve, en prenant soin toutefois de ne l'exercer qu'à bon escient, en lui imposant une forme adéquate au milieu où elle se développera.

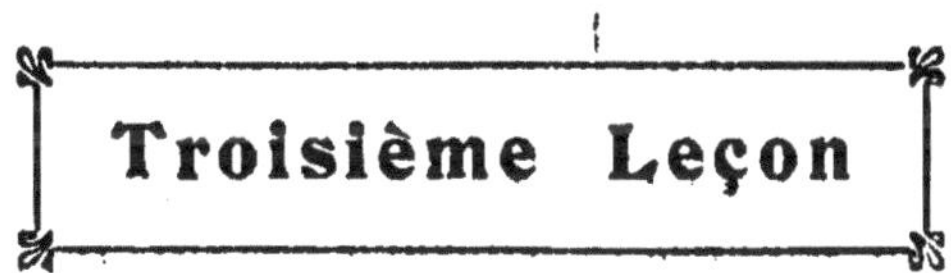

Troisième Leçon

Les formes multiples de la réponse.

Et d'abord, qu'entend-on par le mot « réponse » dans le sens qui nous préoccupe ici ?

Ceux qui aiment à généraliser diront volontiers que l'art de la réponse consiste à se venger d'une attaque, par une riposte dont la justesse et l'à-propos sont destinés à confondre l'agresseur.

Cette définition ne représente pas toujours une heureuse formule, car la réponse à faire se propose sous des aspects infiniment variés et la forme hostile est rarement celle qu'il est bon d'adopter.

Il ne faut pas oublier ce principe :

La saveur d'une réplique s'accroît toujours de la recherche de l'urbanité.

Il est des réponses insolentes dont l'effet est surtout nuisible pour celui qui les a proférées.

Il en est qui, courtoises dans la forme, n'en sont pas moins cinglantes et terribles dans le fond.

C'est justement leur correction apparente qui les rend dangereuses.

Celui qui sait manier la réponse courtoise et opportune

à la fois, sera toujours sûr de mettre les rieurs de son côté.

La réponse peut encore être indulgente, sans plus.

Il y a à ceci plusieurs raisons :

Le désir de ménager les relations sociales entre les interlocuteurs.

La générosité due à une pente naturelle de l'esprit.

Mais, dans ce dernier cas, il serait souhaitable de trouver en soi la force de s'examiner sincèrement, afin de bien se convaincre de la noblesse véritable des intentions.

L'indulgence raisonnée est infiniment louable ; mais celle qui découle de l'indifférence ou de la paresse d'esprit est une faiblesse, et, à ce titre, doit être sévèrement combattue.

Le mépris prend aussi les couleurs de l'indulgence, et ces sortes de réponses ne sont pas les moins à redouter, car le dédain qui se dégage de cette générosité ostensible équivaut à une véritable insulte.

Celui qui a provoqué une de ces réponses se trouve aussi certainement bafoué par cette injurieuse pitié que par les plus violentes apostrophes.

En règle générale, la réponse, si empreinte de bonté qu'elle puisse être, doit toujours se nuancer de fermeté.

Nous ne parlons ici, bien entendu, que des réponses substantielles, celles qui contiennent une idée que l'on veut combattre ou faire partager.

Il est cependant des cas où la réponse semble échapper aux observations précédentes : c'est lorsqu'elle constitue simplement un bon mot.

Nous disons *semble* échapper, car les qualités de la repartie ne consistent pas seulement dans la drôlerie du mot.

Cette drôlerie ferait long feu, si elle n'était soutenue par tous les éléments constitutifs de l'art de répondre, éléments que nous analyserons plus loin.

La réplique comporte parfois une aimable raillerie et elle exige en ce cas des qualités d'observation qu'une étude approfondie peut seule développer.

Souvent aussi elle accentue cette sorte d'humour et en fait de l'ironie.

C'est une arme qu'il ne faut manier qu'avec d'infinies précautions, car trop souvent elle blesse cruellement celui-là même qui s'en sert.

Il arrive aussi qu'elle s'émousse par suite d'un coup trop direct ou trop maladroitement appliqué.

Nous nous contenterons de mentionner, sans la commenter, la réponse véritablement agressive.

Celle-ci n'a de valeur que si elle suit, malgré la violence de la pensée, les règles de la correction et de la bonne éducation.

Si elle omettait de les observer elle cesserait d'appartenir au domaine de la discussion pour entrer dans celui de la dispute.

Nous aurons, au cours de cet ouvrage, le loisir de nous étendre sur ce sujet.

La réponse facile, disons le bien vite, est un art dans lequel passent maitres ceux-là seuls auxquels une étude préalable a dévoilé le secret qui consiste à mettre les paroles au service de la pensée.

Telles sont les réponses diplomatiques qui n'engagent jamais celui qui les prononce et semblent cependant donner toute satisfaction au questionneur.

Le langage familier a étiqueté ce genre de réponse d'une définition imagée.

Il les appelle : Eau bénite de cour.

C'est, en effet, chez ceux qui détiennent, de par la naissance ou de par le mérite, une certaine autorité qu'elles se rencontrent le plus fréquemment.

Doit-on accuser de duplicité celui qui les profère ?

Non ; et il faut parfois même le louer de savoir appliquer sur la plaie de la déception le baume d'une louange ou d'une espérance lointaine.

Dans le même ordre d'idées on compte aussi les réponses dilatoires.

Ce sont celles qui tendent à prolonger une situation que l'interlocuteur voudrait faire cesser ou à retarder une conclusion dont on souhaiterait éloigner l'échéance.

Les réponses évasives permettent de réfléchir à loisir et laissent aux tendances la latitude des discussions et la possibilité d'une modification.

Lorsqu'elle est adroitement formulée, la réponse évasive donne à celui qui la profère de grands avantages car elle lui épargne une responsabilité, qui serait de nature à lui procurer de graves ennuis.

Il arrive fréquemment, en effet, qu'une promesse faite inconsidérément pèse d'un poids lourd sur une conscience loyale.

La nécessité de remplir un engagement formel ou la honte de s'y soustraire par la ruse deviennent une alternative pénible, que l'on ne résoud jamais d'une façon nettement favorable.

La promesse est une chaîne qui relie celui qui la fait à celui qui la reçoit.

La réponse évasive, au contraire, conserve à celui qui sait la manier une entière liberté d'action.

Suivant le cours futur des circonstances, elle permet de soutenir l'acquiescement, d'abord conditionnel, ou de se réfugier derrière un refus motivé.

Les réponses officielles sont de deux sortes :

Celles qui se nuancent d'une cordialité banale;

Celles dont la correction est empreinte d'une impersonnalité voulue.

On pourrait encore citer une grande variété de réponses et nous aurons, au cours de cet ouvrage, occasion d'en mentionner les diverses sortes.

Notons cependant que toutes demandent une étude préalable, afin de s'adapter aussi bien à ceux auxquels elles s'adressent, qu'aux circonstances dans lesquelles elles sont prononcées.

Il est essentiel de considérer :

1° La situation sociale des personnes en cause.

Toutefois, quel que soit le rang qu'elles occupent dans la société, ni servilité ni obséquiosité ne doivent marquer les réponses.

Il est bien entendu, cependant, que le ton variera selon le degré d'intimité des interlocuteurs.

Les réponses faites à un supérieur seront toujours nuancées de déférence, quelle que soit la nature de l'entretien.

Celles qui s'adressent à un inférieur seront, suivant les cas, marquées par la cordialité ou la condescendance;

2° La situation respective des deux interlocuteurs.

Les distances qui les séparent ou les liens qui les rapprochent seront justement évalués.

Dans le premier cas, ces réparties, dans quelque esprit qu'elles soient conçues, se maintiendront dans une forme de correction voulue.

Dans le second elles conserveront les formes familières, même dans l'ironie ou l'amertume;

3° Le degré d'éducation de l'adversaire devra faire aussi le sujet d'une observation sérieuse.

Si l'on veut être compris, il est indispensable de parler à chacun le langage qui lui convient.

Avec des gens simples on emploiera des formules moins choisies.

Vis-à-vis des gens d'éducation médiocre on se servira de mots plus accessibles à leur mentalité.

On n'oubliera par que l'esprit des gens ordinaires est surtout frappé par les mots qui éveillent en eux des images familières, et une réponse trop subtile perdrait avec eux toute sa saveur.

Les délicats, au contraire, seront particulièrement conquis par le choix de l'expression; cependant il sera bon de ne pas oublier que, dans la réponse facile, il est quelquefois utile de sacrifier la perfection du langage à la vivacité de l'esprit et à la puissance d'évocation.

Par le mot perfection, il faut ici entendre le souci de la recherche et non celui de la correction.

En aucun cas cette dernière condition ne doit être négligée ; qu'il s'agisse d'une réponse sérieuse ou d'une réponse familière, la correction de la pensée et celle de la phrase devront être jalousement observées ;

4° La question des convictions ne sera pas non plus négligée.

Que de gens se sont aliéné des sympathies parce que, dans le feu de la réplique, ils ont méconnu ou raillé des convictions, dont leurs adversaires se regardaient comme les fidèles détenteurs !

A l'exception des cas où ces convictions sont en cause et font l'objet spécial de la discussion, il est toujours maladroit de s'y attaquer et encore ne doit-on le faire qu'avec respect.

La conviction, quand elle est sincère, est un sentiment n'admettant que la controverse essentiellement courtoise.

L'ironie, les plaisanteries, la moquerie semblent des sacrilèges à celui qui possède une foi véritable et le plaisir de faire un bon mot ne doit jamais entrer en balance avec la crainte de choquer d'honorables convictions ;

5° L'âge et le sexe de l'interlocuteur seront encore l'objet de nuances nombreuses dans la question des réponses.

On regarderait comme un malappris celui qui n'hésiterait pas à ridiculiser une femme ou un vieillard, et les répliques qu'il leur adressera, sans manquer de l'imprévu et du piquant dont il jugera à propos de les colorer, porteront toujours l'empreinte de la déférence due aux personnes d'un certain âge ou d'un sexe auquel on doit des égards.

Ces mêmes considérations régiront la conduite en ce qui regarde les enfants.

On ne prononcera devant eux que les mots qu'ils peuvent entendre sans danger et l'on se gardera bien d'émettre des phrases qui pourraient entraîner pour eux le péril d'une curiosité intempestive.

Il sera encore utile de déterminer :

Le lieu où l'on évolue;

Les circonstances;

Le caractère et le moral des personnes présentes.

Suivant le milieu où l'on discute, la réponse admet des qualités différentes.

Dans l'intimité d'un salon, certaines finesses seront appréciées.

Dans le tumulte d'une réunion publique elles passeraient inaperçues.

Un milieu très mondain supporte des répliques pleines d'actualité et de subtilité.

Un entourage austère exige une réserve plus complète.

Une assemblée familiale sera volontiers égayée par une raillerie de bon ton.

Une causerie intellectuelle admettra des reparties qui, dans un groupe moins bien averti, pourraient être mal comprises et faussement interprétées.

Quant aux circonstances, elles sont la boussole sur laquelle celui qui cultive la réponse facile devra fixer un regard attentif.

Personne n'ignore que les circonstances sont les créatrices de cet état particulier qu'on nomme état d'esprit et qui varie suivant les événements.

L'état d'esprit est la disposition vers laquelle on se trouve entraîné par suite des phénomènes extérieurs ou moraux, dont la répercussion influe sur le cerveau.

Selon l'état d'esprit des interlocuteurs, la réponse adoptera donc une forme spéciale, conçue d'après l'opinion que l'on a de la sensibilité momentanée de ceux-ci.

Le caractère social et la situation morale des personnes présentes ne devront pas non plus être dédaignés.

Les ripostes les plus spirituelles feraient long feu si

elles tombaient dans une assemblée hostile à ce genre d'esprit.

Elles pourraient même être sévèrement appréciées et causer un grand préjudice à celui-auquel elles auraient valu un succès dans un milieu différent.

Les réponses comportent donc, ainsi que nous l'écrivons en tête de ce chapitre, des formes multiples qui toutes demandent une étude, dans laquelle la volonté prend une grande part.

C'est la qualité principale de ceux qui passent pour des esprits déliés et prompts à la riposte.

Il en est d'autres, qui possèdent de nombreux dons naturels et auxquels les qualités primesautières de leur esprit inspirent souvent des réponses pleines de brio et de saveur.

Mais comme ils négligent les considérations citées dans ce chapitre, ils parlent très souvent en étourdis, et, à cause de cette paresse mentale, leurs qualités se trouvent annulées.

Il est encore d'autres acquisitions essentielles pour celui qui veut manier la riposte avec habileté.

C'est ce que nous allons développer au cours des chapitres suivants.

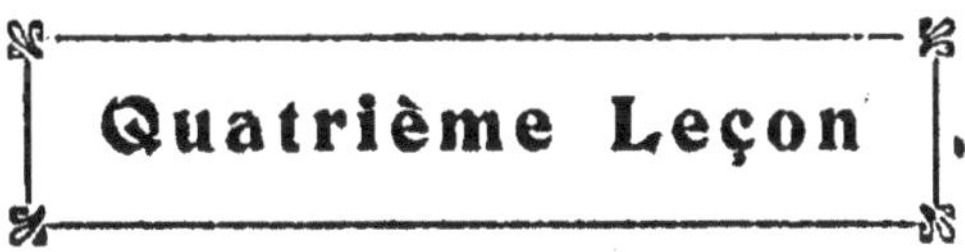

Quatrième Leçon

La science de l'observation.

Il est bon de se pénétrer de ceci :

La réponse facile est le fruit d'une étude spéciale.

Nous ne voulons parler ici que des réponses qui ne comportent aucune complication fâcheuse, atteignent toujours le but visé et ne le dépassent jamais.

Ne sont pas classées dans les réponses recommandables celles qui, proférées sous l'empire de sentiments purement instinctifs, ne tiennent compte d'aucune des conséquences qu'elles peuvent produire.

Il se peut faire qu'elles aient un succès passager, mais leur répétition constitue un danger qui, tôt ou tard, ne tarde pas à se traduire en conflits plus ou moins graves.

Il est donc nécessaire de s'étudier à ne recueillir de la réponse facile que ses avantages, en évitant autant qu'il est possible, les suites fâcheuses qu'elle serait susceptible d'entraîner.

La première de toutes les conditions recommandées dans l'étude de la réponse facile est la science de l'observation.

C'est à dessein que le mot « science » se trouve employé ici.

La facilité d'observation n'est pas une disposition naturelle qui, ainsi qu'on le croit trop volontiers, serait dévolue à quelques privilégiés seulement.

Il est incontestable que bien des gens sont plus accessibles que d'autres à la compréhension des leçons venues des choses.

Mais l'erreur serait grande, si l'on pensait reconnaître dans cette aptitude l'exclusivité d'un don naturel.

Cette disposition provient toujours de causes extérieures ou d'un concours particulier de circonstances, dû, en général, aux conditions de l'existence.

Il en est qui nécessitent ou provoquent le recueillement.

Parmi ces cas, on peut citer :

1° L'isolement volontaire ou forcé ;

2° La vie simple, dénuée d'agitations.

D'autres conditions de vie exigent au contraire des qualités spéciales de vigilance imposées par :

1° Le besoin de se garder;

2° La nécessité de se méfier.

La soif de connaissances est également un élément très important dans l'apparition de cette disposition.

Mais, quoi qu'il en soit, elle n'est pas un état naturel; c'est une manière d'être, amplifiée ou provoquée par des considérations d'ordre pratique ou psychologique.

Les considérations d'ordre pratique incitent à la défense personnelle ; elles conseillent la lutte et commentent les conflits d'ordre social. Elles concernent les cas cités en premier lieu.

L'*Isolement*, qu'il soit imposé par d'impérieuses nécessités ou qu'il représente un état d'élection est toujours générateur de méditation.

A moins de posséder une mentalité qui le classerait au plus bas de l'échelle des êtres, le solitaire trouvera dans le manque d'éléments marquants, la raison d'accorder à ses plus minimes préoccupations une valeur considérable.

En l'absence de faits capitaux, chaque détail de sa vie coutumière prendra à ses yeux un relief singulier.

Il leur concédera une importance bien supérieure à celle qu'ils ont en réalité et l'étude de ces menus soins emplira son existence.

L'isolement est donc, presque sans exception, le point de départ d'observations, dont la foule ne peut se mouvoir à l'aise que dans cette ambiance.

Nous avons dit que l'isolement peut être imposé ou volontaire.

Il peut aussi être habituel ou éphémère.

Cette dernière condition est la plus souhaitable parfois, pour le succès des observations.

En voici la raison : l'isolement habituel a le grand désavantage de trop limiter le champ des investigations.

La vie, bornée à des événements trop semblables, a une tendance à restreindre le développement des idées, car la pensée, trop fréquemment ramenée au même sujet, évolue dans un cycle trop étroit pour fournir des éléments nouveaux à l'analyse.

Il est cependant des esprits d'élite, pour lesquels l'isolement fut la source de méditations profondes et d'observations d'une acuité singulière.

Mais ces qualités furent surtout idéales et se seraient mal accommodées des subtilités qui font le succès de tant de ripostes, appelées à triompher dans la vie pratique.

L'isolement momentané, c'est-à-dire celui que nous provoquons et dans lequel nous nous complaisons, suivant les nécessités qui nous l'ont fait rechercher, ne présente aucun de ces périls.

Il peut se produire au milieu de l'existence la plus compliquée, car il est préparé et jalousement organisé par celui qui, désireux de conquérir les qualités d'observation indispensables dans l'art de la réponse facile, cherche à s'entourer du calme propice à la réflexion, que seul l'isolement installe dans l'esprit.

Cet isolement permet la concentration, c'est-à-dire la facilité de faire converger les pensées vers un point unique, en sorte que rien ne vienne distraire du travail d'analyse qui doit précéder les jugements.

La vie simple est, au même titre que l'isolement, génératrice de la liberté d'esprit qui permet l'étude des détails.

L'absence d'incidents donne une portée plus certaine aux faits coutumiers, dont les moindres subtilités apparaissent avec une netteté qui leur ferait défaut, s'ils se présentaient au milieu d'une cohue pressée d'événements multiples.

A un point de vue différent, *le besoin de se garder* est encore un motif de cultiver la science de l'observation.

Il s'agit, en ce cas, de savoir exactement d'où vient la menace pour parer le coup prévu.

Une attention soutenue peut donc seule déterminer le point d'attaque présumée.

Une observation sérieuse, en faisant découvrir le point faible de l'adversaire, suggérera les moyens efficaces de défense.

Dans des circonstances analogues, *la nécessité de se méfier* rendra plus impérieuse encore celle de l'observation, qui permet de déjouer les plans hostiles et de transporter la discussion sur un terrain moins familier à l'adversaire.

Enfin la soif de connaissances, en variant les acquisitions, vient toujours apporter un secours appréciable.

Celui que la soif de connaissances incite à meubler son esprit d'un grand nombre d'observations ne sera jamais déconcerté par une réplique imprévue.

Il ne sera jamais pris de court.

Il ne connaîtra pas les angoisses du mutisme forcé.

Il ignorera le supplice des réponses que l'on sent insuffisantes.

Son esprit, chargé d'éléments de toutes sortes, trouvera toujours matière à réplique.

Il est encore bon d'ajouter que cette curiosité ne doit pas se limiter aux connaissances générales.

Un bon observateur s'attachera à distinguer également toutes les particularités caractérisant ceux qui l'approchent.

Il sera donc très vite éclairé sur celles qui concernent son interlocuteur.

Dès que ses remarques lui auront donné une certitude, il lui deviendra aisé de confondre son contradicteur.

Il lui suffira de puiser dans les réserves de son cerveau pour y découvrir l'argument concordant avec la critique spéciale que ses remarques lui auront inspirée.

Suivant le ton de la controverse et suivant les qualités intellectuelles de son adversaire, il se servira de cet argument comme d'une fine épée de parade, dont les coups harcèlent et piquent légèrement ou comme d'une lourde massue, portant un seul coup, dont on ne se relève que meurtri et mal en point.

Certains êtres, à force de volonté et de pratique patiente, deviennent de véritables accumulateurs d'observation.

Ceux-là en arrivent à stupéfier par la justesse de leurs assertions, lesquelles, pour ceux qui sont mal avertis, semblent confiner à la divination.

Ils sont redoutables dans les joutes de la riposte.

On parvient difficilement à dissimuler avec eux.

En revanche, ils restent impénétrables, jusqu'au moment où, jugeant bon de tirer parti de leur découverte, ils détruisent d'un mot les argumentations qui semblent les mieux échafaudées.

Nous n'en donnerons pour preuve que l'exemple suivant :

Dans une ville de province, deux hommes se trouvaient en compétition pour l'obtention d'une mission politique.

L'un d'eux, aussi dénué d'argent qu'il était riche de vertus et d'intelligence, vivait décemment mais parcimonieusement des revenus d'une charge universitaire, plus honorifique que rémunératrice.

Son goût pour l'étude, ainsi que l'isolement un peu forcé de sa vie, dont la dignité s'accommodait mal des curiosités relatives à sa demi-misère, avaient fait de lui un observateur passionné.

Pour son unique satisfaction, il se plaisait à étudier les détails des moindres choses et à en tirer des conclusions, qu'il contrôlait impartialement.

Il en était venu ainsi à un degré parfait d'acuité dans l'art d'observer.

Son compétiteur était un homme riche, arrivé depuis peu dans la contrée où il s'était rendu acquéreur d'un vaste domaine.

Prodigue et généreux à souhait, il était en passe de conquérir les suffrages de tous.

Les uns parce qu'ils étaient sincèrement désireux de voir s'accroître la prospérité du pays, ce qui, pensaient-ils, ne pouvait manquer, dès que cet homme y serait intéressé.

Les autres, parce qu'ils étaient heureux de devenir les courtisans d'un pouvoir naissant.

Ceux-ci, alléchés par l'appât de l'or que des intrigues bien menées ne pouvaient manquer de faire choir dans leurs escarcelles.

Ceux-là, par esprit d'imitation, animés de cette servilité morale qui pousse les faibles à se ranger du côté de la majorité.

Rares étaient ceux qui demeuraient fidèles au candidat moins brillant.

Peu s'en fallait même, que ce dernier ne fût accusé de

nuire à la gloire de la contrée, par l'obstination qui le tenait, de mettre sa chétive personnalité en compétition avec celle du brillant millionnaire.

La ville tout entière fut en rumeur, le jour où l'on apprit que les deux concurrents allaient se trouver en présence, dans une assemblée où ils auraient le loisir d'exposer leurs prétentions.

A part quelques amis dévoués, l'assistance était hostile à l'homme de bien, dont l'assurance était taxée d'effronterie et chacun se promettait le malin plaisir de lui voir mordre la poussière.

Le succès du grand propriétaire ne faisait aucun doute et les flatteurs n'attendaient qu'une occasion pour transformer ce succès en triomphe.

Aussi, dès qu'il prit la parole, ce fut un concert d'exclamations louangeuses.

Il discourut longtemps, parlant avec complaisance de son passé, tout rempli, disait-il, par le travail et l'administration d'œuvres philantropiques, qu'il avait soutenues de ses deniers.

L'enthousiasme était à son comble lorsqu'il mit le point final à son allocution, et c'est dans un silence hostile que son concurrent commença.

Contre l'attente générale, il n'entama pas l'exode d'un discours.

« Je me bornerai, dit-il, à une réponse résumant une constatation et une question.

« Ma constatation concerne une vertu que l'honorable orateur qui m'a précédé semble posséder au plus haut point : la modestie. »

A ces mots, l'attention des assistants prit un caractère aigu, et au milieu du plus grand recueillement, l'orateur poursuivit :

« Maintenant voici ma question :

« Pourquoi, après avoir si complaisamment raconté une partie de sa vie, mon éminent concurrent a-t-il poussé cette modestie jusqu'à taire ses états de service dans la cavalerie ?

En entendant ces mots, le millionnaire se troubla ; une vague de pourpre couvrit son visage et c'est avec le plus grand embarras qu'il déclara avoir trouvé insignifiant de mentionner quelques années, vécues sans intérêt pour la cause qui les préoccupait aujourd'hui.

Peu d'instants après, prétextant une fatigue subite, il se retira.

Le lendemain, on apprenait son départ inopiné.

La semaine suivante, le château était en vente et l'on sut que son propriétaire avait, dans sa jeunesse, été cassé de son grade d'officier de cavalerie, à la suite d'indélicatesses.

— Avouez, dit-on alors au clairvoyant universitaire, que vous avez habilement caché votre jeu.

— Comment cela ?

— Vous aviez depuis longtemps appris ce secret que votre compétiteur croyait si bien caché.

— Je n'ai rien appris.

— Alors comment l'avez-vous su ?

— J'ai observé.

Et, comme on souriait :

— J'ai, poursuivit-il, longtemps étudié les phénomènes apparents constituant la confirmation de la science connue sous le nom de « physiognomonie » et j'ai pu constater qu'un observateur sincère peut en recueillir des renseignements certains.

« Dès le premier coup d'œil, j'avais donc été frappé par l'attitude de cet homme : sa façon de porter la poitrine en avant, une légère déviation des jambes qui s'arquaient, mille autres détails, à peine perceptibles pour les non-initiés, m'assuraient à n'en pas douter que cet homme avait longtemps pratiqué l'équitation.

« De plus, quelques-unes de ses expressions, le ton de ses paroles, décelaient l'habitude du commandement.

« Enfin, un jour, devant moi, un subalterne attaché depuis longtemps à sa personne, esquissa en lui parlant le salut militaire, geste qu'un regard sévère anéantit à peine ébauché.

« Je n'avais plus à douter : cet homme avait été officier de cavalerie et il paraissait vouloir le cacher.

« Je ne fus donc qu'à moitié étonné de ne point l'entendre mentionner cette phase de sa vie dans ses discours et, dès lors, la certitude de l'intérêt que cet homme pouvait avoir à la dissimuler, s'implanta despotiquement en moi.

« En effet, pourquoi cachait-il ce dont il aurait dû tirer gloire ?

« Le plus simple raisonnement indiquait qu'à coup sûr cette période avait été marquée d'un événement fâcheux pour sa renommée.

« A mesure qu'il parlait, ma conviction se fortifiait : là était le défaut de la cuirasse recouvrant mon adversaire ; c'est là qu'il fallait frapper. C'est ce que je fis. »

Si toutes les réponses basées sur l'esprit d'observation n'ont pas le même succès triomphant que celle-ci, il n'en n'est pas moins prouvé que, sans l'effort mental que comporte cette étude, l'étourderie viendra trop souvent compromettre l'avantage qu'un causeur avisé retirera indubitablement d'une réplique, conçue avec l'aide des éléments qui font l'objet de ce chapitre.

Mais la réponse n'adopte pas toujours ce caractère sérieux.

Il entre parfois dans les vues du causeur de lui donner un tour subtil, alors que, cependant, cette repartie, qui prend la forme d'une boutade, contient une sérieuse leçon.

Ceci démontre et exige des qualités d'observation très développées.

La substance d'une telle réplique sera le résumé d'une analyse patiente et sûre d'elle-même.

La formule, très brève, concentrera les renseignements en les appliquant à la situation.

La façon de lancer cette réplique constituera aussi une parfaite expérience, touchant le caractère de celui auquel on s'adresse.

Enfin, la portée de la riposte sera calculée de manière à ne jamais manquer aux lois de l'opportunité.

Toutes ces conditions se trouvent remplies dans une répartie célèbre, stigmatisant le parasitisme d'un nommé Terray qui fut autrefois le commensal aussi assidu que peu désiré d'artistes renommés et des gens de cour.

Cet homme avait cru bon de lancer une mode qui, à ce moment, fit quelques adeptes : le manchon pour les hommes.

Comme on le critiquait et qu'il défendait avec arrogance son droit de s'habiller comme il lui plaisait, la comédienne à la mode, Sophie Arnoult, eut cette réplique terrible :

« Un manchon, vous, Terray, à quoi bon, puisque vous avez toujours les mains dans nos poches ? »

On le voit, ces quelques mots contiennent toutes les conditions énumérées plus haut :

Concentration des observations, reposant sur des données certaines ;

Résumé de ces observations en une formule aussi brève qu'imagée.

Portée calculée d'une riposte, destinée à écarter un parasite trop encombrant.

L'analyse du caractère et l'étude des dispositions extérieures ainsi que celle des contingences sociales, sont donc les éléments basiques de la facilité de réponse.

Mais à ceux-là il est bon d'en ajouter d'autres, dont l'emploi judicieux fera le sujet des commentaires qui vont suivre.

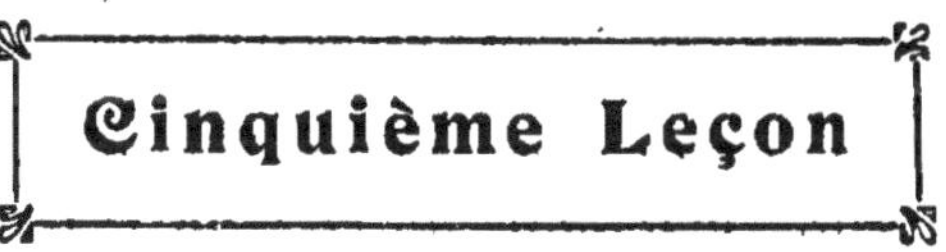

Cinquième Leçon

La présence d'esprit.

En analysant ces mots, on y trouve le résumé d'un état, admettant que l'esprit, en tant qu'agent subtil de compréhension, témoigne sa vigilance et se montre tout prêt à se manifester dès qu'il sera souhaitable.

Cette définition ne se rapporte en rien à la réalité plus formelle ou à l'importance plus ou moins considérable de l'intuition; elle signifie simplement que, chez ceux qui savent le retenir, l'esprit ne se dérobe pas, qu'il ne cherche pas à s'évader et reste présent, toujours prêt à répondre au premier appel.

On nomme aussi présence d'esprit, la promptitude avec laquelle l'imagination s'adapte aux idées émises et la rapidité avec laquelle elle saisit le sens exact des situations.

La présence d'esprit est surtout précieuse, car elle permet de se rendre compte immédiatement de la physionomie du débat et du parti qu'il pourrait y avoir à tirer des faiblesses de l'adversaire.

Elle donne le loisir de fortifier la défense.

Elle suggère les moyens d'attaque.

Elle conseille le plan de conduite.

Elle inspire les mots qu'il faut dire.

Elle prévient l'émission des phrases intempestives.

Elle rappelle, en temps voulu, les sujets qu'il faut éviter et ceux qu'il serait opportun d'effleurer.

Enfin, elle investit celui qui la possède d'une liberté mentale, dont l'effet le plus heureux est de lui laisser voir clairement le chemin qu'il doit suivre.

Qu'il s'agisse d'un danger à éviter ou d'une leçon à donner, celui qui est doué de présence d'esprit jugera rapidement la situation et il y confirmera son attitude.

Suivant les cas, ses répliques seront anodines ou mordantes.

Il saura parer le coup qu'il pressent avant de l'avoir reçu.

S'il est surpris par une agression inattendue, cette facilité d'adaptation instantanée lui dictera la réponse efficace.

Jamais celui qui a su conquérir la présence d'esprit ne se déconcertera, comme le font trop souvent ceux qui négligent de la cultiver.

Chez le premier, les arguments triomphants se présentent à la moindre sollicitation.

S'il se sent le plus faible, il met en œuvre la réserve des feintes que lui suggère la situation ; il trompe l'adversaire sur le point de ses attaques, l'entraîne dans des dégressions qui l'embarrassent et ne l'abandonne qu'après lui avoir fait perdre pied.

Il connaît à merveille l'art de se dérober et, pressé par son interlocuteur, il découvrira facilement le point faible de ce dernier, car son esprit, toujours en éveil, lui suggère le rappel de faits ou d'impressions qui sont pour lui autant de matériaux, propres à l'édification des réponses.

Ceux qui, au contraire, n'ont rien fait pour maintenir en eux cet état de vigilance de l'esprit, souffrent, quelle que soit la validité de leurs dires, d'une infériorité certaine.

Il n'est pas rare de voir des gens, dont les arguments sont parfaitement valables, succomber sous le poids de réponses inattendues ou paradoxales.

Il est non moins fréquent de constater la défaite de la vérité, vaincue par les sophismes.

C'est que les défenseurs de cette vérité ne savent pas toujours s'assurer le concours de l'alliée indispensable que l'on nomme « présence d'esprit ».

Devant une assertion imprévue ils se troublent et appellent en vain l'idée qui devrait fournir l'élément principal de la réplique, car leur inertie mentale les a dotés d'une volonté si mal assouplie, que ses commandements ne sont que rarement entendus.

C'est seulement au prix d'une insistance prolongée que l'esprit répond à l'invitation réitérée.

Mais il est alors trop tard pour que ces suggestions déploient leur valeur véritable, et une réponse qui est faite dans ces conditions parvient rarement à parer les effets de l'affirmation.

« Il y avait, conte Yoritoma Tashi (1), dans une province du Japon, un homme qui cultivait des chrysanthèmes, dont la beauté était célèbre.

« D'une timidité outrée, fuyant le commerce de ses semblables, il se plaisait dans la contemplation de ses fleurs.

« Or vint un jour où il s'aperçut qu'une main profane avait dévasté ses jardins ; les plus beaux chrysanthèmes, ceux dont l'aspect bizarre et somptueux lui donnait tant de joie avaient été volés.

« Grand émoi du solitaire, comme on peut le croire, et grande terreur aussi à la pensée de ce dilemne :

« Ou laisser le voleur impuni, ou faire les gestes indispensables pour le guetter et l'arrêter.

(1) *La timidité vaincue.* Éditions Nilson.

« Quel combat ! Mais l'amour des plantes, l'indignation l'emportèrent et, à la nuit, l'amateur qui avait puisé dans sa passion l'énergie nécessaire, surprenait l'auteur des larcins et le faisait conduire devant le juge.

« Ce n'était pas sans une appréhension douloureuse qu'il s'y présentait; mais il croyait s'être assuré contre les défaillances en apprenant mot à mot les choses qu'il avait à dire :

« Par exemple :

« — J'ai surpris cet homme dévastant la plate-bande où sont mes beaux chrysanthèmes roses. »

« Le délit étant flagrant, tout débat devenait donc inutile et le timide se rassurait en se convainquant de l'impossibilité d'un incident qui le décontenancerait.

« Aussi fut-ce d'une voix ferme qu'il prononça la phrase apprise :

« — J'ai surpris cet homme dévastant la plate-bande où sont mes beaux chrysanthèmes roses. »

« Mais, ô stupeur! le voleur se retourne vers lui et s'écrie :

« — Ils n'étaient pas roses, ils étaient mauves. »

« Si cet homme eût été doué de présence d'esprit, il aurait fait état de cette réponse pour établir l'aveu.

« Mais lui, d'abord interdit, ne songea qu'à protester :

« — Ils étaient roses, disait-il. — Ils sont mauves, reprenait le malfaiteur » ; et il y mettait un tel entêtement, que le malheureux propriétaire, sur une question du juge, finit par balbutier que le rose et le mauve... enfin... le mauve rosé... le rose violacé...

« Tant et si bien que le juge impatienté le renvoya à ses jardins, après une semonce, dans laquelle il lui reprochait d'avoir fait arrêter un homme, sans savoir au juste de quoi il l'accusait. »

Cette boutade exprime une vérité absolue.

Celui dont l'esprit manque de vigilance, aurait-il vingt fois raison, sera toujours désarmé par une réponse qu'il n'a pas prévue, car avant l'éveil complet de ses facultés de compréhension, l'à-propos de la riposte aura disparu. Il ne lui restera donc que la ressource de se taire ou celle de proférer une réplique intempestive.

Dans le premier cas comme dans le second, l'adversaire aura atteint son but.

Il peut même se faire qu'une réponse, qui, faite en son temps eût été décisive, devienne ridicule, si elle est lancée trop tardivement.

Nous avons parlé, dans un chapitre précédent, de cet esprit boiteux qui chemine si péniblement qu'il ne parvient jamais à atteindre l'interlocuteur.

Il se manifeste toujours hors de la présence de ce dernier, à moins qu'il ne se montre au moment où, las de l'appeler, on finit par croire à son absence définitive.

Cet état, dont la présence d'esprit est absolument bânnie, adopte plusieurs formes, qu'il est bon de mentionner, d'abord, d'analyser rapidement ensuite, et ceci pour les raisons suivantes :

On doit connaître toutes les apparences du mal que l'on tient à débusquer et à combattre.

Pour arriver à ce résultat, il est essentiel de déterminer exactement la nature de l'ennemi.

Cette esprit indolent se montre sous bien des aspects différents et ses manifestations dépendent de nombreuses causes dont nous signalerons les principales :

En première ligne, on doit citer l'apathie.

Vient ensuite l'indécision.

Enfin, on doit surtout redouter la timidité, génératrice de cette sorte de paralysie mentale, qui se traduit par un anéantissement de la pensée.

L'*apathie*, dans le cas qui nous préoccupe, est un engourdissement de l'esprit, dont les mouvements ne s'opèrent qu'avec une infinie lenteur.

Sous l'influence de l'apathie, l'esprit se complaît dans une demi-somnolence, qui atténue les impressions.

Comme un être assoupi, qui ne perçoit que faiblement les bruits et les sensations extérieures, il participe d'une manière insuffisante aux évocations des interlocuteurs.

De plus, cet état d'inertie interdisant tout effort, il est impuissant à provoquer l'éveil des idées qui pourraient inspirer la réponse.

Ses réserves mentales, mal approvisionnées, ne fournissent aucun argument décisif à l'apathique.

La fragilité de son attention le laisse dénué d'observation.

S'en trouverait-il par hasard pourvu, que la pauvreté d'une terminologie, réduite par la défaillance habituelle de l'énergie à la limite des termes usuels, lui interdit la facilité de parole, indispensable pour triompher dans l'art de la réponse.

C'est seulement sous le coup d'une vive émotion que les apathiques retrouvent le sentiment très net des situations.

Mais leur atonie mentale s'accommode mal d'un rapide assemblage d'idées.

Celles-ci, mal habituées à l'obéissance, n'arrivent que lentement, péniblement.

Elles se présentent en désordre et se bousculent dans le cerveau en un véritable chaos, hors duquel, au premier moment, il est difficile d'en tirer aucune.

Quand, après des efforts, d'autant moins prompts qu'ils lui sont moins coutumiers, l'apathique parvient à mettre un peu d'ordre dans cette cohue, le temps de la riposte efficace est passé depuis longtemps, et c'est généralement à lui-même qu'il fait la réponse trop tardive, en se dépitant de n'avoir pas su la construire à temps pour fustiger son adversaire.

L'*indécision* est, tout aussi bien que l'apathie, l'agent mauvais des lenteurs cérébrales.

Chez les indécis, pourtant, l'esprit ne manque pas d'activité.

On pourrait même lui reprocher d'en déployer une somme trop considérable.

Mais tout ce travail est effectué en pure perte, car, au moment d'en recueillir les effets, l'indécision apparaît, démontrant en même temps les inconvénients de la résolution et en suggérant une autre, qui comporte la même hésitation.

Il est à remarquer que les indécis s'arrêtent rarement à l'appréciation des avantages.

Si nettement marqués soient-ils, ils disparaissent à leurs yeux, noyés sous la montée de tous les ennuis éventuels.

Dans leur esprit flottant, en face de la décision à prendre, se dresse toujours une solution diamétralement opposée et leur âme débile s'apeure à la pensée des conséquences fâcheuses que leur résolution pourrait déchaîner.

Aussi, n'adoptent-ils une résolution que pour l'abandonner aussitôt, et ils demeurent ainsi, cahotés entre plusieurs lignes de conduite, qui toutes leur semblent aussi périlleuses l'une que l'autre.

Faut-il être surpris si la réponse qu'il siérait de formuler s'attarde sur leurs lèvres ?

Chez beaucoup d'indécis, cette incertitude est si sensible qu'ils semblent parfois affligés d'un défaut d'élocution.

Cependant s'ils balbutient — ou plutôt s'ils paraissent balbutier — c'est qu'ils n'achèvent pas le mot commencé, soit qu'ils le jugent mal choisi, soit que leur état constant de perplexité leur en suggère une autre que, à peine ébauché, ils regrettent déjà.

C'est ainsi qu'il n'est pas rare de voir les indécis énoncer à la suite plusieurs syllabes, qui ne sont que des débuts de mots et donnent aux auditeurs l'impression du balbutiement, alors que ces termes tronqués ne sont que des embryons de paroles, reflétant une pensée, aussitôt rejetée que conçue.

On comprendra combien il leur est difficile de briller dans l'art de la réponse, tant qu'ils ne sont pas débarrassés de ces hésitations, dont la genèse est toujours un manque de volonté.

C'est seulement en cultivant cette faculté qu'ils parviendront à accepter les responsabilités qu'ils redoutent et à conquérir, en même temps que la maîtrise de leur pensée, celle de la parole, qui en sera la courageuse traductrice.

La *timidité* est encore une entrave terrible pour la liberté d'esprit qui exige la réponse facile.

Elle est la cause de ces mutismes, qui ne prennent fin qu'en dehors de l'interlocuteur.

Le propre de la timidité est d'engendrer une sorte de stupeur mentale, qui, pour un temps plus ou moins long, anéantit toute faculté de compréhension.

Cela débute d'abord par une paralysie éphémère, touchant les facultés d'initiative.

Dans cet état, les idées semblent s'envoler, pour ne laisser à leur place qu'un immense vide.

Puis, à l'absence totale succède la foule.

Les pensées se pressent sans ordre et tourbillonnent dans le cerveau, comme des objets dont la rotation trop rapide dérobe la véritable forme, et le timide, entraîné dans cette sarabande, se trouve si étourdi, qu'il lui est impossible de reprendre son équilibre mental, tant que dure la cause d'où dépend ce trouble.

Ainsi que l'apathique et l'indécis, c'est seulement lorsqu'il se voit loin de son interlocuteur qu'il lui est loisible de réfléchir et de trouver une réponse que, comme eux, il se désole de n'avoir point faite à temps.

Et tous subissent ce phénomène, par la raison que l'éloignement les libère de l'état de trouble, au cours duquel leur esprit en fuite les maintient dans une évidente infériorité.

Le premier, parce que l'émotion ressentie par la contradiction a produit un travail de galvanisation, trop lent pour chasser à temps l'engourdissement habituel.

Le second parce que la solitude, en lui assurant le néant des responsabilités, lui donne le courage factice de prendre une résolution illusoire.

Quant au timide, le recouvrement de ses facultés mentales est, nous venons de le voir, intimement lié avec la disparition de l'émoi qui l'agite, en face de son interlocuteur.

La présence d'esprit, c'est-à-dire la présence constante de l'intelligence, prête à répondre au premier appel, est donc une qualité indispensable à celui qui, par ses réponses faciles, sait se tailler un succès, et se réserver la maîtrise dans les entretiens.

Sixième Leçon

Le rôle de l'argumentation dans la réponse facile.

L'argumentation est la clef des réserves, permettant les réponses faciles.

Il est indispensable, en effet, pour triompher dans l'art de la riposte, de savoir présenter à temps l'argument décisif.

On nomme argument le raisonnement par lequel on tire une conséquence.

Il représente — ou doit représenter pour être valable — la preuve de ce que l'on désire démontrer.

Il est destiné à énoncer d'abord, puis à établir la vérité d'une chose que l'on veut faire admettre.

Ce n'est pas une affirmation, mais c'est le raisonnement sur lequel on s'appuie pour affirmer.

L'argument, dans la réponse, n'est parfois que l'application particulière d'une vérité, pouvant être différemment interprétée.

On distingue plusieurs sortes d'arguments qui, tour à tour, jouent un grand rôle dans les répliques.

Nous ne parlerons ici que de ceux qui ont trait à la réponse.

On les divise d'abord en deux catégories principales :

L'argument naturel;

L'argument artificiel.

L'*argument naturel* est celui qui revêt un caractère indiscutable d'authenticité.

La raison seule en fournit les éléments.

Il reproduit la vérité intrinsèque et peut rarement prêter à la discussion ; il a pour but de contraindre l'esprit à accepter la proposition qu'on lui présente.

Il part d'une donnée certaine et cherche à faire naitre une certitude.

Celui qui sait le choisir judicieusement et le manier adroitement, assurera le succès de sa réponse.

L'argument naturel fait partie de ces vérités indiscutables que Lamennais nommait : vérités de consentement universel, c'est-à-dire celles qui ne souffrent pas le doute, que tout le monde admet et qu'il serait oiseux de nier.

L'*argument artificiel* présente des caractères plus contestables d'authenticité.

Il varie suivant les circonstances et, pour celui qui est habile dans l'art de la réponse, il peut devenir une arme terrible, car il supporte toutes les transformations inspirées par les circonstances.

L'argument artificiel donne un libre cours aux hardiesses de l'imagination, il admet le paradoxe, si déconcertant pour les causeurs malhabiles, qui, devant cette fantaisie parée des atours de la raison, restent cois, atterrés par la surprise.

L'argument artificiel connait des ruses, dont les subtilités embarrassent les esprits, peu habitués aux rapides représentations mentales.

Il aime les sophismes qui sont de nature à jeter la con fusion dans l'esprit.

Il est généralement brillant, car son but est d'éblouir l'adversaire et de le contraindre, faute de mieux, à l'acquiescement ou au mutisme.

L'argument, de quelque nature qu'il soit, est rarement primesautier, car il est toujours le fruit d'une observation, ou le résultat des réflexions que cette observation a engendrées.

C'est une science qui permet de se servir des raisonnements déjà conçus et de les opposer aux dires de l'interlocuteur dans des réponses, dont la précision fait la force.

Comme la plupart des qualités inhérentes à la facilité de la réponse, l'habileté dans l'argumentation ne s'acquiert qu'au moyen d'une application voulue.

Elle requiert des conditions de volonté ferme et de recherche éclairée, qu'on n'obtient que par le désir de les posséder.

Outre les deux lignes principales que nous venons d'énoncer, l'argument adopte plusieurs manières d'être, car sa diversité est la raison de son succès.

Suivant le genre de réponse que le colloque sollicite, l'argumentation sera brillante, serrée ou concise.

Le brio peut, dans certains cas, être un merveilleux moyen.

Il prédominera dans les discussions frivoles, dans les papotages sans importance, les conversations mondaines, les dialogues où la délicatesse de l'esprit supplée à la pénurie des idées.

Il changera de nom et prendra celui d'*argumentation brillante*, quand l'ampleur du sujet permettra un développement plus profond.

Cependant, si étincelante que soit l'argumentation dans la réponse, elle pourra rarement prétendre au lyrisme, car, par sa nature même, elle exclut les envolées et se confine toujours dans le domaine des preuves.

C'est à ce titre qu'elle mérite le qualificatif de *serrée.*

On désigne ainsi l'argumentation qui enserre l'adversaire dans des limites de plus en plus restreintes, sans lui permettre de s'évader du point où l'on a résolu de l'amener et de le maintenir.

On dit encore d'une argumentation qu'elle est serrée lorsque les ripostes se succèdent avec une rapidité qui ne permet pas à l'interlocuteur de placer avec fruit la remarque qu'on lui laisse seulement le loisir d'esquisser.

Pourtant, il ne faudrait pas s'y méprendre : l'abondance des mots seule ne constitue pas la qualité de cette argumentation.

Elle en est, au contraire, l'écueil certain.

Le verbiage inconsidéré peut étourdir pendant un instant, mais comme il ne présente aucune base solide, on a tôt fait d'en percer l'inanité.

Celui qui est familier avec l'art de la réponse ne manquera pas de replacer la question sur son véritable terrain, et, avec quelques mots appropriés, de balayer tout le fatras des paroles inutiles.

C'est donc une manœuvre assez dangereuse, que celle qui consiste à accabler l'interlocuteur sous le poids d'un excès de bavardage.

Certaines gens l'emploient cependant, lorsqu'ils se trouvent vis-à-vis d'un causeur facile à déconcerter et parviennent parfois à le griser à un tel point, qu'au milieu du brouhaha des mots entendus, le malheureux ne peut se ressaisir.

Ce procédé ne peut être employé que vis-à-vis des gens sans volonté, qui, ainsi conduits loin de leurs idées, ne trouvent plus le chemin qui doit les y ramener.

Ce n'est que plus tard, lorsqu'ils sont délivrés de cette sorte d'envahissement mental, qu'ils retrouvent le fil, momentanément embrouillé, de leurs pensées ; mais alors, il n'est généralement plus temps de songer à le dévider utilement, car l'adversaire a profité de leur désarroi pour triompher.

Hâtons-nous de le dire : le verbiage peut être un moyen, mais c'est un moyen d'ordre inférieur, et il ne doit, en aucun cas, être cité comme un sérieux élément d'argumentation.

L'*argumentation concise* est celle qu'il faut surtout recommander, en ce qui concerne le succès de la réponse.

La concision est l'art d'exprimer complètement sa pensée, avec le plus petit nombre de mots possible.

Elle embrasse le sujet tout entier et traduit l'opinion sous une forme frappante, claire et précise, car elle comporte le don d'analyse et de synthèse, à la fois.

L'habitude de la concision constitue pour les discoureurs, un véritable élément de succès.

D'abord, parce qu'il est bon de noter que les esprits très fermes sont en minorité et que l'on se trouve le plus souvent en face de mentalités fragiles, qui supportent mal une longue période d'attention.

Si la réponse manque de concision, si elle comporte des développements multiples, on aura grand'peine à prévenir, chez l'adversaire, l'intrusion des idées étrangères.

Sa volonté sans consistance ne leur laissera pas la faculté de soutenir sans distraction l'amplification de l'argument émis devant lui.

Il interrompra donc son interlocuteur ou le déroutera par des réflexions, dont le moindre résultat sera d'enlever à la réponse toute la saveur qu'elle comporte.

Si, au contraire, celui qui manque de concision dans la réponse se trouve devant quelqu'un d'habile dans cet art, il succombera devant de courtes et incisives répliques, éclipsant toute la phraséologie précédente.

La concision doit être regardée comme une sorte de condensation de la pensée, qui devra être exprimée intégralement par la plus petite quantité de mots.

Elle tient le milieu entre le laconisme et l'abondance.

Elle est infiniment plus difficile à réaliser que le laconisme, avec lequel les gens mal avertis ont le grand tort de la confondre.

Il s'agit cependant de deux procédés absolument différents.

Le laconisme, soucieux surtout de brièveté, néglige les détails pour ne s'occuper que des grandes lignes, en sorte que l'idée principale, exprimée trop succintement, se voit représentée sans aucun des attributs propres à en déterminer la nature exacte.

Elle surgit dénudée, sans atténuation, dans toute la brutalité de sa forme.

La concision, au contraire, consiste dans l'art de rassembler le plus grand nombre d'idées, en choisissant exclusivement les termes qui les personnifient assez nettement pour qu'il soit inutile de multiplier les mots.

Elle exige donc une grande recherche de l'expression, car elle impose, à la place de la phrase explicative, le mot constituant l'image qui la résume.

Son rôle est très important dans la pratique de la réponse.

On oublie volontiers une réplique diluée et embrouissaillée, si importante soit-elle ; mais on retient celle qui, en peu de paroles, résume une situation ou indique un état définitivement fixé.

Comme modèle de concision, on peut citer la riposte, célèbre dans l'histoire, qui, à travers un millénaire, frappe encore nos contemporains, car elle indique en quatre mots l'état des esprits et le bouleversement social de toute une époque.

On sait que le règne d'Hugues Capet fut, vers la fin du dixième siècle, une lutte constante contre les seigneurs mêmes qui l'avaient aidé à franchir les marches du trône et, cependant, lui disputaient la supériorité souveraine.

Un des grands vassaux, Adalbert de Périgueux, ayant usurpé les titres de comte de Poitiers et de Tours, Hugues Capet lui envoya un messager chargé de lui rapporter ces mots :

— Qui t'a fait comte ?

— Qui t'a fait roi ? riposta Adalbert.

Cette réponse en quatre mots en dit plus, pour celui qui sait les comprendre, qu'un long chapitre d'histoire.

Ils sont une constatation, car ils précisent un fait que certains historiens ont qualifié d'usurpation.

Ils sont aussi une revendication, puisqu'ils réclament pour celui qui les profère des licences, basées sur les procédés auxquels il est fait allusion.

Ils indiquent la rébellion sourdant déjà au cœur des grands vassaux.

Ils font encore pressentir les luttes interminables, qui marquèrent les temps féodaux.

Un autre exemple de la concision dans la riposte nous est donné par le court dialogue suivant :

Au milieu du dix-neuvième siècle, alors que le règne de la bourgeoisie à son aurore effaçait celui de la noblesse, entré dans le crépuscule, des haines de castes couvaient sourdement et, parfois même, se résolvaient en fâcheux éclats.

Un ancien émigré, dont le rôle dans la tragédie royale qui ensanglanta la grande Révolution avait, dit-on, été celui d'un délateur, croyait se venger du dédain dont l'accablaient ses pairs en témoignant un acharnement fanatique contre tout ce qui touchait au tiers état et ne perdait aucune occasion de marquer son mépris à tout ce qui appartenait à la bourgeoisie.

Or, se trouvant un jour dans un bal, où la femme d'un magistrat, fille d'un grand industriel, se faisait remarquer par sa beauté et son élégance, il affecta de dire très haut, en faisant allusion au genre d'industrie dont le père de la jeune femme tirait sa fortune :

— Belle toilette ! dommage qu'elle soit maculée d'une tache de suif !

A ces mots, la jeune femme se retourna vivement vers l'insolent et le regardant dans les yeux :

— Les taches de suif, dit-elle, s'effacent mieux que les taches de sang.

Ces quelques mots sont, en effet, un modèle d'argument concis.

Dans une riposte, aussi brève qu'explicite, ils parent le coup de l'agresseur et le blessent si cruellement, à l'endroit le plus vulnérable, qu'ils l'obligent à battre en retraite, dans la crainte d'un assaut, plus meurtrier encore.

On objectera, peut-être, que cette façon d'argumenter est un peu succinte et passablement incisive.

Mais il est juste que celui qui veut se montrer supérieur dans l'art de la réponse, choisisse ses moyens de défense et les varie à son gré.

Si la défense prend l'aspect de l'agression, le provocateur n'a pas à se plaindre, tant que la forme courtoise est observée.

Cependant, celui qui a conscience de sa faiblesse devra, dans l'argumentation, renoncer à l'initiative.

Il s'appliquera, au contraire, à s'adapter à la manière de l'autre; il étudiera ses feintes, devinera son astuce, déjouera ses artifices et, s'il sait se souvenir à propos des préceptes que nous énonçons ici, il ne tardera pas à parvenir à ce résultat enviable:

Battre l'adversaire avec ses propres armes.

Septième Leçon

La discussion et ses différentes formes dans la réponse.

On sait déjà que les façons d'être de la réponse doivent varier suivant la nature des échanges de paroles.

La discussion est un des modes les plus anciens et les plus usuels de ces luttes verbales, au cours desquelles es réponses empruntent leur diversité au sujet même du débat.

L'origine de la discussion, sous cette dernière forme, remonte très haut dans les fastes oratoires.

On nomme débat l'examen contradictoire d'une question, dont il s'agit de peser le pour et le contre.

Cet examen est toujours basé sur le désir de connaître la vérité et d'amener les autres à partager la conviction, née de cette révélation.

Au moyen âge, dans la quasi-prison des châteaux ou dans le désœuvrement des seigneuries provinciales, on ouvrit des débats, dont le but était de traiter les questions sentimentales.

Plus tard, les débats intellectuels eurent la priorité sur les discussions d'ordre plus frivole.

Ils sont restés les modèles des discussions, provoquées dans le but d'élargir les connaissances communes, en faisant participer chacun aux découvertes d'autrui ou à ses acquisitions mentales.

Tous les débats comportent des expansions contradictoires, ayant pour but de faire prévaloir l'opinion de tous les porteurs de parole.

La discussion demande plus de méthode dans la réplique et moins de brio que la conversation.

A l'inverse de tant de causeries qui roulent souvent sur des sujets futiles, aussitôt abandonnés qu'exposés, la discussion comporte toujours une part de pensée, plus ou moins profonde, car tout débat recèle en lui l'émission d'une idée principale.

Cette idée rencontre des adhérents ou des contradicteurs.

Les premiers la préconisent d'abord, en cherchant à la faire partager.

Les seconds la repoussent ou la discutent.

Il se trouve alors que les adhérents à l'idée passent, en cas de discussion, de l'état de disciples à celui de défenseurs.

La discussion naît donc des diverses façons d'envisager les choses.

Elle se produit aussi par manque de compréhension.

Cette lacune ne provient pas toujours du défaut de vivacité d'esprit de l'un des causeurs.

Elle découle souvent de la manière obscure dont le principe initial a été exposé.

Il n'est pas rare en effet d'entendre discuter deux interlocuteurs, qu'un tiers éclairé sait mettre d'accord en présentant le sujet de la controverse sous son jour véritable.

Il est des discussions qui portent uniquement sur des questions de principes.

D'autres sur un fait, diversement interprété.

On en voit, et non des moins âpres, reposer sur d'insignifiants détails.

Nous ne devrions parler que pour mémoire de celles qui se forment par suite de la trop grande irritabilité de l'un des orateurs.

Lorsque ce genre de discussion devient trop animé, il échappe à nos observations actuelles et il adopte un autre nom : il dégénère en conflit et se termine quelquefois en altercation.

Ce dernier cas, échappant à la discussion, ne devrait guère être étudié ici ; cependant tout le monde étant exposé à se rencontrer avec des contradicteurs trop nerveux, ce genre de discussion, plus fréquent qu'il ne devrait se produire, doit être également examiné dans le sens des réponses faciles.

Le moindre mérite des répliques efficaces sera d'endiguer le flot des effervescences intempestives.

Elles maintiendront l'échange des mots dans les bornes d'une discussion qui, pour animée qu'elle soit, ne prendra jamais l'aspect d'une mutuelle agression verbale.

Les discussions que nous citons en première ligne, celles qui portent sur des questions de principes, sont toujours celles qui, étant les plus passionnées, déchaînent les incontinences de langage.

La réponse doit, dans ce cas, du côté du contradicteur, affecter un souci particulier de correction.

Il est rare qu'un principe ne soit pas considéré par celui qui l'émet, comme une chose infiniment respectable, ne souffrant aucune atteinte trop brutale.

Si ce principe adopte la forme d'une conviction, elle devient, pour celui qui la possède, une chose sacrée, contre laquelle il ne voit pas sans peine s'avancer un attouchement qu'il considère comme sacrilège.

Les répliques triomphantes, dans ces sortes de discussions devront être infiniment mesurées et toujours empreintes de la considération due à une foi véritable, alors même qu'on ne la partagerait pas.

Il se trouvera peut-être des gens qui, en lisant ceci,

hausseront les épaules, disant que, pour les incrédules, l'objet de la conviction étant inexistant, il serait oiseux de le respecter.

A cela, nous répondrons que toute conviction, si elle est sincère, doit provoquer au moins l'estime envers celui qui la proclame.

Il ne s'agit donc point de déterminer la valeur que l'on attache au principe émis, mais d'approprier les éléments de la réponse à l'importance que lui donne son défenseur.

Du reste, dans ces sortes de luttes verbales, la réponse facile ne sera appréciée que si elle ne dévie pas des bornes resserées qui lui sont assignées.

Très souvent, dans les discussions les plus sérieuses, il arrive pourtant que celui qui riposte s'en tire avantageusement avec une boutade.

Cependant, dans ces occasions, la réponse brillante est plûtôt indiquée.

Elle devra, suivant les cas, être concise ou plus étendue ; mais elle se gardera de toute lourdeur et évitera la banalité.

Si le principe émis semble désuet, elle se plaira à en souligner la vétusté en employant des expressions, dont le choix heureux élargira encore la distance entre les idées actuelles et celles qu'on expose.

Pourtant, si le défenseur de l'idée est habile, sa réplique pourra porter, s'il sait rajeunir les formules de présentation.

A cette condition seule ses réponses seront heureuses et il luttera avec chances de succès, contre un adversaire que son attitude déconcertera.

Il est un genre de discussion qui exige moins de supériorité dans l'art de la réponse : ce sont les entrevues concertées entre deux parties, cherchant un terrain d'entente.

Est-ce à dire que ces sortes de discussion conservent toujours leur caractère conciliant ?

Il serait vain de l'assurer.

Pourtant il est certain que les répliques habiles de l'un des interlocuteurs peuvent avoir une influence capitale sur le maintien de leur forme.

Il en est de même des discussions intellectuelles ou scientifiques, où tous les causeurs, même s'ils professent une opinion différente, doivent communier dans un même désir de mieux.

C'est donc à celui qui sait manier les répliques, de dresser entre lui et l'irritabilité de ses interlocuteurs la barrière de l'urbanité.

Ceux qui désirent remporter des avantages oratoires ne devraient jamais s'en départir.

Un dicton bien connu prétend que de la discussion jaillit de la lumière.

Il n'en peut être ainsi que si chacun des participants enrichit le champ commun des pensées, de l'appoint de ses connaissances particulières, sous forme de conseils, de doutes, d'avertissements ou de constatations expérimentales.

Il est possible d'émettre les avis les plus contraires, en observant l'aménité la plus parfaite.

On peut même ajouter que c'est la seule manière d'être écouté, et par cela même, de provoquer le choc des répliques, d'où jaillira l'étincelle désirée.

Mais si les causeurs négligent ces délicatesses de langage, si les réponses, au lieu de conserver le ton qui convient, se haussent jusqu'à celui de l'irritation, la discussion, dont on était en droit d'espérer des clartés, ne produira que le chaos et l'obscurité.

Une autre observation très importante est celle qui concerne la nécessité d'attendre la fin de la réplique d'un causeur pour lui répondre.

Trop de gens méconnaissent ce principe et il s'ensuit une confusion regrettable.

Les réponses les mieux aiguisées perdent toute leur

saveur si elles se perdent dans le brouhaha des mots prononcés par un autre.

Il est vrai que certains orateurs sont d'une prolixité désespérante et laissent difficilement placer une phrase à leurs contradicteurs.

D'autres ont l'habitude déplorable de les interrompre, sans les laisser aller jusqu'au bout de leur période.

Un seul moyen existe pour répondre à ces fâcheux : la réflexion, courte, précise, incisive, dont l'effet immédiat sera de tarir leur verve.

Nous insistons cependant sur ces points : cette brève remarque sera conçue dans une forme à la fois ironique et courtoise.

Le modèle de ce genre fut donné par M. de Mairan, dans une séance à l'académie, au cours de laquelle les immortels, surexcités par une longue discussion, traduisaient leur intérêt passionné par un tumultueux échange de vues, mêlant leurs phrases, sans souci de leurs mutuels arguments.

Or, M. de Mairan avait sur les lèvres une réplique dont il attendait merveille.

Mais le moyen de la faire entendre, au milieu de cette confusion ?

Dominer le tumulte, en cherchant à faire prévaloir son opinion ? C'était impossible : l'effervescence était telle que de courtes boutades seulement pouvaient percer le bruit, car toute argumentation eut été dédaignée et couverte par les interrupteurs.

Cependant M. de Mairan se trouvait, en même temps, désireux de parler et résolu à faire remarquer à ses collègues l'incorrection de leur attitude.

Il profita donc d'un instant d'accalmie, et, sur un ton dont la tranquille urbanité contrastait avec l'émotion générale :

« Messieurs, dit-il, si vous le voulez bien, nous ne parlerons *que quatre à la fois.* »

Il était difficile de se formaliser, car en employant le *nous* l'orateur critiquait sa conduite aussi bien que celle de ses collègues et se solidarisait avec eux.

D'un autre côté, en proposant ironiquement quatre discours simultanés il faisait sentir à tous ces vénérables savants combien leur ardeur tumultueuse s'éloignait des façons un peu solennelles, généralement admises sous la coupole.

Les académiciens furent sensibles à ce rappel et chacun d'eux retrouvant son sang-froid se conforma aux bienséances coutumières, un instant oubliées, dans la chaleur de la discussion.

On pensera peut-être qu'il est bien difficile de contenir les impatiences nées de contradictions, et que l'irritabilité de l'un est souvent la seule cause de l'irascibilité de l'autre.

Ces nervosités ne se produiraient que très rarement si celui qui riposte s'astreignait à l'esclavage des formules.

Ceci est d'une importance primordiale dans toute réponse proférée au cours d'une discussion animée.

Celui qui s'imposera l'obligation, même dans le feu de la colère, de commencer sa phrase par une formule de politesse, si insignifiante soit-elle, verra forcément se modifier le ton de la réplique qu'il lance.

Un oncle discutait un jour avec son neveu, auquel il reprochait des opinions trop avancées.

Peu à peu le dialogue s'anima : le jeune homme ne cédait pas un pouce de terrain ; l'oncle, très déconcerté par les réponses pleines de sens qui lui étaient faites, se sentait à bout d'arguments valables.

Pourtant il n'admettait pas que son autorité ne prévalût point, et déconcerté par une réponse pleine de raison, il entra en fureur, — ce qui est généralement la façon de discuter des faibles — et menaça son neveu de le jeter à la porte, en lui faisant dégringoler l'escalier à coups de canne.

Mais celui-ci, habile dans l'art de la riposte, sut maîtriser l'impatience que lui causait la grossiéreté de son oncle et c'est du ton de la plus exquise politesse qu'il répliqua :

— Mon cher oncle, je me permettrai de vous faire observer que l'escalier compte de nombreuses marches et qu'à partir du quatrième degré, on n'est plus parent. »

C'était une façon, à la fois courtoise et spirituelle de ramener le trop violent vieillard à la raison en lui faisant entendre que des brusqueries exagérées amèneraient entre eux une scission aussi définitive que celle qui est indiquée par la loi au sujet des parentés dépassant le quatrième degré.

La réplique humoristique et polie portera toujours plus loin que les intempérances de langage et c'est celle-là qu'il faut cultiver dans la discussion.

Les mots qui suivront une appellation courtoise se trouveront toujours atténués, par le fait même des termes de début.

Cette appellation peut, sans inconvénient, revêtir la forme de la banalité : Mon aimable collègue, mon distingué contradicteur, etc., etc...

Les expressions qui se pressent sur les lèvres, à la suite de ces mots, prendront, moins facilement, le caractère agressif.

Ajoutons que ces paroles, absolument insignifiantes au fond, ont pour excellent effet de laisser aux nervosités le temps de se calmer et de donner à la réflexion le temps nécessaire à l'élaboration de la réponse.

Cette courtoisie présidera également aux discussions sans intérêt bien déterminé, qui, trop souvent, grâce à l'effervescence des adversaires, prennent une acuité d'autant plus regrettable, que le sujet par lui-même n'est pas toujours de nature à faire naître une controverse aussi passionnée.

Une antique maxime conseille aux causeurs de tourner sept fois leur langue dans leur bouche avant de lancer une réplique.

Cette façon imagée d'avertir du péril des réponses irréfléchies doit être prise en considération.

Elle invite à laisser fertiliser l'idée avant de l'émettre.

Celui qui observera ce conseil symbolique, en s'en tenant à l'esprit et non à la lettre, parviendra facilement à se perfectionner dans l'art de la réponse.

En substituant à l'acte bizarre qu'il recommande une des formules de politesse, dont il a été question plus haut, c'est-à-dire en débutant par quelques mots insignifiants qui laisseront à la réflexion le temps de se former, il verra l'énoncé de sa réplique gagner en clarté et en précision.

Ce manque de précipitation lui donnera aussi la latitude d'entrevoir le danger de certaines assertions et d'éviter ces fautes de tact dont l'effet le plus certain est de détruire tout le prestige de celui qui les commet.

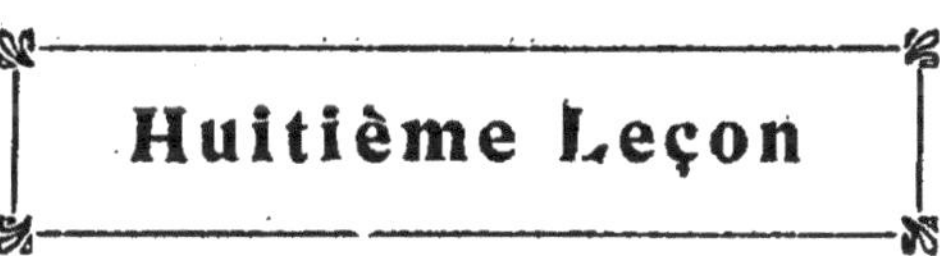

Huitième Leçon

Du tac au tac.

Cette locution un peu familière étiquette les réponses brèves et marquées au coin de la vivacité d'esprit.

La plupart des répliques célèbres appartiennent à cette catégorie.

Ce sont les réflexions qui partent comme un coup droit, pour venger une attaque.

On les nomme parfois saillies.

Elles prennent aussi le nom de boutades.

La saillie, ainsi que son nom l'indique, est la phrase composée de mots faisant surgir (saillir) une remarque que l'on désire mettre en relief.

La boutade est une atteinte décochée brusquement, sans apparent souci des conséquences possibles.

Cependant il ne faudrait pas s'y tromper : de nombreuses réponses, affectant la forme de boutades, ne sont que les moyens de proclamer une vérité, qui, sans l'excuse de cette brusquerie verbale, risquerait d'offusquer ceux auxquels elle est destinée.

La réponse du tac au tac pourrait se comparer à ces duels, où l'adversaire touché riposte immédiatement.

Mais, pour être certaine, l'atteinte doit toujours être plus directe et plus précise que celle dont il vient d'être victime.

Ce genre de défense — qui est parfois une attaque déguisée — ne peut être pratiquée que par ceux qui se sont familiarisés avec les principes que nous avons déjà émis, principes auxquels il est indispensable de joindre une grande faculte d'assimilation.

C'est en se pénétrant de l'état d'esprit de ses adversaires que l'on parviendra à pressentir leurs faiblesses, afin de mettre cette expérience à profit.

La réponse du tac au tac exige, en effet, des facultés spéciales.

Elle consiste souvent dans l'art de relier deux termes dissemblables, par une saillie qui en démontre la paradoxale similitude.

Elle comporte quelquefois une constatation qui emprunte son originalité à la façon inattendue dont elle est présentée.

Elle admet une agression, déguisée sous des termes courtois, dont la forme plaisante exclut toute révolte trop marquée de la part de l'adversaire.

Elle est souvent l'épine cachée sous la fleur.

Elle renferme un sens très sûr de la critique, qui permet de discerner immédiatement le ridicule des autres et de les en flageller.

Elle exprime parfois ironiquement tout le contraire de ce que l'on fait entendre et permet de se réfugier hypocritement à l'abri du sens du mot, en niant celui de la lettre.

Elle se plait aux contrastes, dont l'énoncé semble un défi.

La réponse du tac au tac excelle dans la mise en valeur du sens caché des mots.

Elle formule souvent des phrases contraires à la pensée, mais ces phrases sont construites de façon à ce que personne ne se trompe sur leur véritable sens.

Maniée très légèrement par un causeur habile, elle est parfois une arme à deux tranchants; elle peut être encore une épée acérée ou un poignard étincelant, à la pointe émoussée.

Parfois elle simule l'ignorance et laisse l'interlocuteur s'empêtrer dans une explication qu'elle bouleverse d'un mot.

C'est souvent aussi une fine raillerie qui, tout en faisant l'éloge de quelqu'un, sait souligner ses ridicules.

La réponse du tac au tac procède parfois par sous-entendus. Dans ce dernier cas, elle peut être parfaitement cruelle, sans une apparence de bonhomie, qui la rend d'autant plus définitive.

On discutait un jour, dans un cercle de littérateurs, le talent de deux écrivains bien connus, qui, pendant de longues années, collaborèrent assidûment.

Les avis étaient partagés; les uns attribuaient au premier tout le succès de la production commune.

Les autres vantaient les qualités de styliste et l'imagination du second.

Un seul assistant restait silencieux, visiblement décidé à ne prendre aucune part au débat.

Interrogé à plusieurs reprises, il avait répondu évasivement, non sans témoigner quelque impatience, car il prisait peu la méthode des deux collaborateurs en question.

Mais il lui répugnait aussi bien de formuler une appréciation désobligeante que de parler contre sa pensée; aussi était-il parfaitement résolu à se taire.

Cependant un des fervents des écrivains discutés, piqué de cette abstention, crut trouver un moyen de le faire parler, en mettant son amour-propre en jeu, en même temps qu'il affirmait la supériorité de ses amis.

— Voyons, dit-il, pourquoi ne pas nous faire part de votre opinion? Nous savons bien qu'un homme de valeur ne peut discuter le talent de ceux qui sont nos maîtres à tous, cependant il est impossible que vous n'ayez rien à dire sur leurs mérites respectifs. Quel est donc à votre avis celui des deux qui en a le plus ?

Froidement, l'assistant, jusque-là silencieux se leva :

— C'est l'autre, dit-il.

Et il prit congé.

Il était impossible d'exprimer plus finement le peu de cas qu'il faisait de la valeur de ces auteurs, puisqu'il sous-entendait ainsi que leur prétendue habileté n'était jamais l'apanage de celui dont on parlait.

Un autre exemple de malicieux sous-entendu dans la réplique est celui de Périn.

Ayant à se plaindre de quelques membres de l'Académie, mais désireux cependant de garder toutes les apparences de l'urbanité dans une âpre critique, il dit en parlant de cette docte assemblée :

— Ils sont ici quarante qui ont de l'esprit comme quatre.

Il avait eu bien soin d'omettre le mot « chacun » qui ainsi supprimé, rendait la phrase agressive, sous une apparence complimenteuse, car, tout en paraissant attribuer à chacun la somme d'esprit dont disposent quatre hommes ordinaires il faisait entendre que en réalité, ces quarante intellectuels réunis n'avaient pas entre eux tous plus d'intelligence que quatre cerveaux ordinaires.

La réplique du tac au tac prend souvent aussi l'aspect d'une agression courtoise.

Des exemples célèbres sont restés, de ces réponses qui, tout en paraissant élogieuses, n'étaient que de dures leçons.

C'est encore à l'Académie que nous retournerons, pour trouver une réplique, qui pourrait être citée comme le chef-d'œuvre du genre.

Sedaine, avait, contre un de ses collègues qui briguait l'honneur de l'admission à l'Académie, des motifs d'hostilité qui, du reste, puisaient leur source dans un sentiment exempt de bassesse.

Il lui reprochait sa médiocrité intellectuelle, ainsi que son style confus, image, disait-il, du chaos de ses idées.

Aussi pensait-il que ce choix n'était pas de nature à illustrer la noble institution.

Le candidat n'ignorait pas l'opinion de l'auteur à son sujet et avait déclaré que, non seulement il vaincrait les résistance de Sedaine et entrerait malgré lui à l'Académie, mais encore le narguerait dans son discours de réception.

Il n'y manqua pas. Il parla assez lourdement des résistances pressenties, fit au sujet de la jalousie de certains collègues des allusions transparentes, et, prenant prétexte de l'orgueil que lui donnait son admission, chanta sa victoire dans un long et filandreux discours.

Sedaine l'écouta avec une attention voisine du recueillement, et, dès qu'il fut terminé il se jeta au cou du récipiendaire, lui disant avec effusion :

— Ah ! monsieur ! Je suis émerveillé. Voilà vingt ans que j'écris du galimatias ; je n'ai encore rien dit de pareil.

Ceux qui se trouvaient à portée d'entendre sourirent et le récipiendaire se mordit les lèvres jusqu'au sang.

Mais il se garda de répondre.

Qu'eût-il dit en effet ?

S'il avait pris ombrage ouvertement, c'était souligner l'impertinence.

Puis Sedaine avait trop d'esprit pour ne pas s'en tirer avec avantage.

Il eût feint d'appliquer le mot galimatias à ses propres œuvres, assurant que c'est seulement devant la manifestation d'une telle éloquence qu'il avait été amené à se juger ainsi.

Les rieurs se seraient trouvés encore plus nombreux de son côté et le nouvel élu n'aurait fait qu'élargir l'accroc fait à son amour-propre.

Le mieux était donc de feindre et d'inscrire à la colonne des éloges l'amère critique du collègue.

Cette sorte d'agression courtoise se traduit parfois

aussi par un geste insignifiant, commentant une courte phrase, parfaitement anodine.

Pris séparément, ce geste et cette phrase ne seraient que des formules banales de politesse.

Mais leur assemblage voulu constitue parfois une réplique cinglante.

Ce genre de repartie demande des qualités sérieuses de tact.

Toute accentuation en dénaturerait la valeur.

Toute insistance la rendrait ouvertement désobligeante ou grossière.

Elle ne peut donc être pratiquée que par ceux dont l'esprit avisé est servi par un grand sens de l'observation et une véritable maîtrise de soi.

Au temps où les préséances jouaient un rôle important dans la vie des gens de cour, deux personnages importants se trouvèrent en même temps à l'entrée d'une salle.

Tous deux avaient le titre de marquis.

L'un, descendant direct des croisés, comptait de nombreux et authentiques quartiers de noblesse.

Le deuxième, d'une race de petits gentilshommes, était parvenu (par de louches complicités disaient les uns, par ses mérites, assuraient les autres), à obtenir un marquisat.

Mais, aux yeux des courtisans intransigeants, il était toujours le petit hobereau de jadis.

C'était aussi l'avis du marquis de vieille souche devant lequel il se trouvait.

Aussi celui-là allait-il, plein de la conscience de sa supériorité, franchir le seuil le premier, lorsque l'autre l'arrêta :

– Pardon, dit-il, quel est d'après le cérémonial, celui qui doit passer le premier ?

— Le plus noble, dit le grand seigneur.

— Nous portons le même titre.

— Alors, répliqua le descendant des preux, cette prérogative appartient au plus mal élevé.

Et il s'effaça pour laisser passer l'autre.

La réplique du tac au tac pourrait quelquefois se comparer à la blessure que l'on ferait en frappant avec des fleurs.

Si le coup est trop rudement appliqué, la tige parfumée deviendra une arme et elle produira une plaie, qui, pour si légère qu'elle puisse être, n'en deviendra pas moins cuisante.

Ces indésirables caresses ont généralement pour but de voiler un peu la nudité de la vérité que l'on veut faire entendre.

Mais les étoffes dont on l'affuble sont si transparentes qu'il faut toute la suffisance des présomptueux pour ne pas la reconnaître, sous ces voiles, dérisoirement diaphanes.

Les belles artistes d'autrefois, celles dont la grâce et l'esprit illustrèrent les fastes de l'histoire dramatique, excellèrent dans ce genre de boutades.

Elles savaient admirablement manier le fustigeant rameau et les égratignures qui en résultaient devenaient parfois, pour ceux qui les subissaient, des plaies profondes, atteignant l'endroit le plus vulnérable du cœur humain : l'amour-propre.

Celle qui fut la belle Sophie Arnould, malgré ses relations amicales avec le poète Gentil-Bernard, avait souvent été piquée de l'égoïsme de ce dernier, qui, d'après elle, se complaisait trop dans l'admiration de son propre talent, et omettait de rendre à la comédienne l'hommage passionné qui lui était rendu par tous ses courtisans.

Or, un jour qu'en sa présence, le ciseleur de rimes s'absorbait dans une sorte de contemplation intérieure, l'artiste, froissée de cet apparent détachement et désireuse de rappeler au rêveur qu'il oubliait les égards auxquels elle était accoutumée, lui dit aigrement :

— Mais que faites-vous là, mon ami ?

— Je m'entretiens avec moi-même, repartit-il avec emphase, semblant ainsi affirmer la qualité indiscutablement supérieure de l'entretien solitaire.

Cette réponse était fort impertinente, car elle affichait une indifférencee outrageante pour l'esprit, bien connu cependant, de la comédienne et sous-entendait le peu de cas qu'il faisait de sa conversation, puisqu'il la délaissait pour se réfugier en lui-même.

Sophie Arnould avait trop d'esprit pour se laisser aller à des reproches directs, cependant elle avait à cœur de châtier le malappris et c'est avec le malicieux sourire, consacré par les mémoires du temps qu'elle répliqua :

— Prenez garde, mon cher, vous vous entretenez avec un flatteur.

C'était d'un mot abaisser les prétentions de Gentil-Bernard, flageller sa vanité et venger en même temps l'amour-propre de la comédienne, blessée dans sa réputation si méritée de brillante causeuse.

Une autre artiste, Mlle Mars, excella également dans l'art de frapper avec des fleurs.

Comme toutes les actrices en vue, elle était harcelée par les jeunes aspirants aux triomphes de la scène, qui, bien que tout pénétrés de leur mérite, étaient néanmoins heureux de faire consacrer, par son approbation, leurs espérances d'avenir.

Un jeune homme qui, grâce à de hautes relations, avait pu parvenir jusqu'à elle, insista tellement pour obtenir une audition, que la comédienne, craignant de désobliger le puissant protecteur de l'importun, accepta d'écouter ce candidat à la gloire dramatique.

Avec une suffisance que l'ignorance possède seule, celui-ci entama la récitation d'une longue tirade, que son inexpérience, aggravée d'un zézaiement fâcheux rendait redoutable à la patience de Mlle Mars.

Aussi ne le laissa-t-elle pas aller plus loin que les dix premiers vers.

— Bravo, monsieur, s'écria-t-elle, c'est très bien, vous avez de la chaleur, de la conviction, de la noblesse...

Et comme le jeune homme se rengorgeait, elle ajouta négligeamment :

— Vous avez bien un petit défaut de prononciation, mais cela disparaîtra à la lumière.

La malicieuse fille s'était vengée de quelques minutes d'ennui.

Comme on le voit, la réplique du tac au tac est une forme variée de la réponse facile.

Ce n'est pas la moins séduisante ni la moins importante, car sous sa forme frivole, elle atteint toujours le but visé et résiste à l'outrage du temps, mieux que bien des longs et substantiels discours.

Neuvième Leçon

La réponse dans la polémique.

L'art de la réponse n'est pas uniquement borné au langage.

Il prend souvent une ampleur et une acuité puissantes, dans la polémique.

La polémique est une discussion écrite, au cours de laquelle a lieu un échange de vues, qui, de la part de chacun des écrivains, témoigne une manière différente d'envisager le sujet.

La polémique est tantôt une série d'observations mutuelles, dont la contradiction apparente est destinée à élargir le champ de la pensée, tantôt une recherche vers l'extension d'un sujet. Les réponses, dans ces cas, sont toujours empreintes de la plus grande courtoisie.

La divergence des opinions n'est soulignée que par des observations ou une raillerie fine et anodine.

C'est quelquefois aussi une proposition, qui n'est controversée que dans le but de porter la lumière dans les recoins les plus obscurs de la question.

Cette fois encore, les réponses porteront le cachet de l'urbanité.

Est-ce à dire qu'un ton légèrement satirique en soit banni ?

Non certes, et, il est bon d'insister sur ce point, les répliques qui porteront le mieux, n'en seront point exemptes.

Mais la polémique véritable est, le plus souvent, une affirmation passionnée d'un côté et une négation absolue de l'autre.

Trop fréquemment elle prend la forme d'une agression, déguisée ou avouée, à laquelle on répond par une attaque de même sorte.

La science de la réponse dans la polémique, est surtout cultivée par ceux dont nous avons déjà eu l'occasion de parler quelquefois.

Il s'agit des gens affligés de cette lenteur de conception qu'on a nommée si justement l'esprit de l'escalier.

On désigne ainsi cette disposition spéciale qui fait qu'on trouve seulement dans l'escalier la saillie que l'on aurait dû lancer dans le salon.

C'est dire que la réponse désirée ne se formule que lorsqu'il n'est plus temps de la faire.

La polémique offre à ces traînards de la pensée tout le loisir de la traduire et de la ciseler à souhait.

Ce n'est plus sous le feu des regards de l'interlocuteur qu'ils doivent trouver les mots nécessaires.

C'est dans le silence de la chambre de travail, dans le recueillement propice à la formation et au maintien des idées, qu'ils rassemblent et choisissent les termes, dont ils désirent le cingler.

Loin de se trouver arrêtés par la promptitude d'interprétation mentale que les causeurs ont à déployer, ils auront tout le temps voulu pour suivre le précepte du vieux Boileau et, s'il le faut, de remettre cent fois leur travail sur le métier, ne s'arrêtant que dès qu'ils pensent l'avoir poli à souhait.

La réponse, dans la polémique, exige en outre des conditions que nous avons mentionnées au sujet des autres réponses, des qualités spéciales, dont les principales sont :

L'adaptation du langage;

La pureté du style;

Le discernement;

Le sens du ridicule;

La loyauté vis-à-vis de soi-même.

L'adaptation du langage consiste dans l'affabulation de la réponse, qui, suivant la donnée de la polémique, portera l'empreinte de la sévérité ou de la légèreté, de la subtilité ou de l'ampleur.

Faillir à cette règle ou intervertir les éléments d'adaptation, serait enlever à la réplique toute la saveur qu'elle pourrait avoir.

La pureté du style est également désirable, car la réponse écrite ne jouit pas des mêmes avantages que l'autre, qui peut être modifiée ou améliorée à la répétition.

Un proverbe dit : « Les paroles s'en vont, les écrits restent. »

C'est surtout en matière de polémique qu'il est bon de le méditer.

Outre les complications — ou les regrets — que pourrait faire naître dans l'avenir une trop grande violence d'expression, il est essentiel de ne pas prêter le flanc à la critique du contradicteur, trop heureux d'atténuer une réponse mordante par la découverte d'une incorrection grammaticale.

Il ne faudra cependant pas commettre l'erreur d'employer exclusivement le style sévère ou le genre pompeux.

La polémique peut adopter une forme légère, ironique ou plaisante; mais, quoi qu'il en soit, on ne doit pas oublier que, sous des formes diverses, la correction du langage et son élégance, même dans la boutade, ne doivent jamais être sacrifiées.

Jaillies naturellement ou longuement méditées d'abord,

puis condensées ensuite, ces réponses devront dénoter des qualités certaines de *discernement*.

Pour railler ou flétrir justement les défauts de l'adversaire, il est indispensable de savoir les reconnaître.

L'ignorance laisserait émettre des affirmations qui vaudraient des démentis, aussi éclatants que justifiés.

Un travail de *documentation* est encore essentiel.

Cette documentation varie suivant la matière de la polémique.

Elle s'applique généralement à la connaissance parfaite de l'objet du débat.

Souvent encore, elle concerne les détails de la vie sociale ou privée de l'adversaire.

Quoi qu'il en soit, il est bon de penser qu'une assertion erronée peut être une cause absolue d'insuccès.

Le polémiste, s'il n'est pas naturellement doué du *sens du ridicule*, s'efforcera de le cultiver.

On se relève d'un coup de poignard, mais la piqure d'épingle du ridicule tue sans merci, si elle porte à l'endroit vulnérable.

Cependant il ne suffit pas de connaître ou de pressentir les travers d'autrui, si l'on est aveugle sur les siens propres.

Il arrive souvent à ceux qui négligent cette étude de s'attirer des répliques terribles, car, en persiflant leur adversaire, ils ont omis de reconnaître que les critiques dont ils l'accablent pourraient aussi facilement s'adresser à eux.

Cela s'appelle faire le jeu des autres et c'est maintes fois fournir un sujet de réponse à celui qui, sans cette étourderie, se fût trouvé pris de court,.

Le véritable moyen d'éviter ces incidents fâcheux est de s'exercer à pratiquer *la loyauté vis-à-vis de soi-même*.

La connaissance de soi-même est, d'après le précepte d'un antique philosophe, le véritable commencement de la sagesse.

Dans la question qui nous préoccupe, c'est l'arme défensive la plus précieuse.

Celui qui se connaîtra évitera une rencontre sur un terrain défavorable.

En revanche, il attirera son contradicteur du côté où les pièges des réponses faciles sont tendus par lui vers l'argumentation qu'il a su lui imposer.

Il saura toujours détourner une attaque, qu'il dirigera ensuite en tenant compte des qualités qu'il se connaît et des défaillances probables de l'adversaire.

La réponse, dans la polémique, comporte plusieurs systèmes, qui tous, pourraient se résumer ainsi :

La défense simple ;

La défense agressive.

La *défense simple* comporte surtout de l'esprit.

Elle s'en tire parfois avec un jeu de mots.

Quelquefois elle a recours à la raillerie.

Elle n'entre jamais dans le domaine de la satire.

Enfin, elle égratigne toujours un peu, mais s'arrête avant l'effusion du sang.

La *défense agressive* prend toutes les formes de l'attaque, mais de l'attaque, sinon courtoise, du moins exempte de grossièreté.

Elle perdrait son nom pour adopter simplement celui d'agression, s'il en était autrement.

Néanmoins, elle ne craint pas de blesser sérieusement, pourvu que la plaie provienne d'une arme loyale.

Elle frappe par devant et dédaigne les guet-apens.

Elle repousse la calomnie, mais admet la médisance, sous forme de démonstration, plus ou moins brutale, de la vérité.

Elle va quelquefois jusqu'au dénigrement, à condition cependant que des faits et non des appréciations soient en cause et que l'esprit de la réplique compense l'amertume de la constatation.

Néanmoins, trop souvent ces limites se trouvent dépassées et les contradicteurs, perdant la mesure, tombent dans des excès et se heurtent à la diffamation et à la calomnie.

Mais nous passerons ces manifestations sous silence.

Si nous les avons mentionnées, c'est pour les déplorer, car elles sont aussi préjudiciables à celui qui les émet qu'à celui qui les subit.

Les réponses peuvent être infiniment agressives dans le fond, tout en restant courtoises dans la forme.

Et c'est là ce qui fit la fortune de celles qui, à travers les ans, sont restées célèbres par leurs qualités d'esprit et de causticité.

Le grand philosophe Voltaire excella dans ce genre de réplique.

Il y fut souvent cruel, mais parfois aussi il préféra s'en tirer avec un jeu de mots.

Un journaliste avait critiqué vivement un nouveau livre de lui.

« Cet ouvrage, écrivait-il, aussi bien à cause des doctrines qu'il professe, que pour les qualités négatives de sa rédaction est d'avance condamné aux flammes.

— C'est avec plaisir, répliqua Voltaire, que j'apprends le sort qui est réservé à ma dernière œuvre, car j'ai fait une singulière remarque : mes livres sont comme les marrons, mieux ils sont rôtis, mieux ils se vendent. »

Il faisait ainsi allusion à la publicité que lui valaient les diatribes des écrivains qui ne partageaient pas sa foi philosophique, et, en la combattant bruyamment éveillaient la curiosité du public.

Il voulait aussi parler des fanatiques qui témoignaient de l'indignation en brûlant des livres qui contredisaient leurs convictions et, sans s'en douter, épandaient ainsi la renommée de leur auteur.

Une autre réponse, assez acérée, celle-là, fut faite par M. de Lauragais, qui, étant en polémique avec M. d'Aligre, se vengea d'une attaque déguisée de celui-ci en écrivant cette réflexion :

« Il est quelquefois pénible de renoncer à des relations, qui semblaient éclairées par le flambeau de l'amitié ; mais le sacrifice des illusions étant fait, on se trouve heureux de se dérober à des expansions sans sincérité, en même temps qu'à des agapes où l'on ne vous offre à manger que votre prochain sur du pain sec. »

Il est bon d'ajouter que les dîners de M. d'Aligre étaient, à plus d'un titre, fâcheusement célèbres.

Très avare et très médisant, il aimait à réunir souvent des hôtes autour de sa table.

Pendant le repas, avec l'autorité de l'amphytrion qui dirige la conversation, il se plaisait à donner cours à son penchant favori, et dénigrait sans pitié tous ceux dont il parlait, tandis que, devant les convives, défilaient des mets de qualité médiocre, dans des plats maigrement garnis.

Comme on n'ignorait pas ces détails, tout le monde le reconnut, quoiqu'il ne fût pas nommé et M. de Lauragais eut ainsi le dernier mot, dans ce duel de plume.

La réponse dans la défense agressive comporte moins de ménagements ; elle est plus âpre et plus directe.

Elle est, du reste, presque toujours motivée par une attaque violente, qui, aux yeux de bien des gens, prendrait les proportions d'une vérité, si la réponse ne venait, en apportant le démenti, venger l'insulte, en dévoilant les tares de l'agresseur.

La réponse, dans les cas de défense agressive, comporte des degrés qui vont de l'impertinence, déguisée ou non, jusqu'au mépris ouvertement formulé.

Elle atteint parfois à l'outrage, mais pour conserver cette appellation, elle doit se libérer de l'invective ou de tout ce qui pourrait tomber dans la vulgarité ou dans la grossièreté.

C'est encore à Voltaire que nous empruntons deux exemples, portant sur ces deux points extrêmes.

Il avait, comme tous les hommes de goût de son temps, une véritable admiration pour le musicien Grétry.

Cette appréciation se doublait d'une grande sympathie personnelle.

Paris alors rendait justice au talent du grand compositeur et ses œuvres, qui faisaient la joie des mélomanes, étaient célèbres dans tous les milieux où l'on se piquait de dilettantisme.

Mais les courtisans de Versailles, autant pour se singulariser que par manque de compréhension artistique, avaient affecté de les traiter avec dédain et décriaient le talent de l'auteur.

Voltaire fut outré de cette injustice et, pour venger son ami de ces appréciations hostiles, il écrivit les vers suivants, qu'il dédia à Grétry :

> La cour a dénigré tes chants
> Dont Paris a dit des merveilles.
> Hélas ! les oreilles des grands
> Sont souvent de grandes oreilles.

Ce quatrain fit fortune. Les fervents du musicien y virent la consécration de leur idole.

Le public, toujours heureux de voir abaisser l'orgueil des courtisans, applaudit à l'allusion désobligeante.

Quant à ces derniers, inquiets de se trouver ainsi malmenés par un homme dont la réputation d'esprit était universelle, ils crurent prudent de ne point s'exposer à de nouvelles boutades et témoignèrent d'un revirement en faveur de Grétry, dont la réputation devint bientôt indiscutée.

Le second exemple concerne le dernier degré de la défense agressive et se traduit par une boutade, dans laquelle l'outrage le plus manifeste se teinte d'un mépris symboliquement, mais brutalement exprimé.

Un journaliste du nom de Fréron avait entrepris contre

Voltaire une campagne, consistant en un tissu de venimeuses insinuations.

Peu à peu ces accusations devinrent plus formelles et se traduisirent par des attaques, dont la fréquence lassa la patience du grand homme, qui répliqua par le quatrain suivant :

L'autre jour, au fond d'un vallon,
Un serpent piqua Jean Fréron.
Que pensez-vous qu'il arriva ?
... Ce fut le serpent qui creva.

Nous trouvons ici la marque d'une raillerie sanglante, alliée à une volonté bien établie de dédain.

C'est la limite que la défense agressive ne doit pas franchir.

Encore, pour ne pas mériter un autre nom, doit-elle être conçue par un esprit, auquel les ressources du style sont aussi familières que celles de l'ironie.

Quelques amis de Fréron, cependant, reprochèrent à Voltaire cette boutade qu'ils se plurent à présenter comme une diffamation.

Ces récriminations étant parvenues aux oreilles du philosophe, il répliqua :

— M. Fréron a grand tort de se plaindre ; il était destiné à mourir obscur et, grâce à moi, son nom va passer à la postérité.

Telle est, en effet, la puissance de la réponse dans la polémique.

Non seulement elle donne au plus adroit les joies du triomphe, mais elle englobe l'adversaire dans la gloire du contradicteur.

Sans la saillie dénuée d'indulgence de Voltaire, peu de gens connaîtraient, à notre époque, le nom de celui qui l'a provoquée.

Sans maintes répliques, dont la blessure leur fut très

douloureuse, beaucoup de polémistes vaincus, demeureraient ignorés à jamais.

Leurs noms, connus seulement de leurs contemporains, étaient destinés à sombrer dans l'abîme de l'oubli, s'ils n'eussent servi de trophées aux adversaires avisés qui, par une réponse heureuse, ont su s'assurer une victoire dans ce combat sans merci qu'est la polémique.

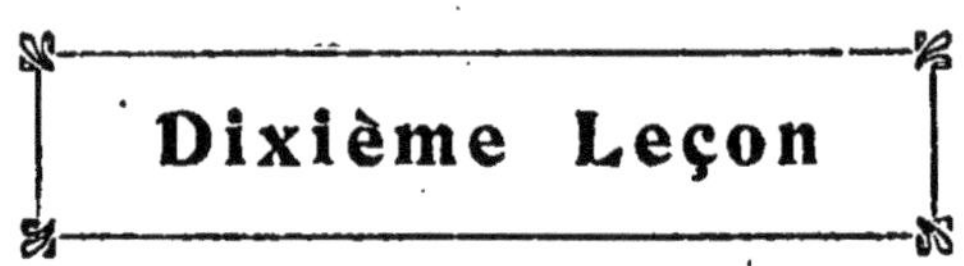

Dixième Leçon

Un élément primordial.

Nous avons déjà, au cours de ces pages, signalé nombre de qualités essentielles à l'acquisition de cet art que l'on nomme la facilité de réponse.

Nous avons pu nous convaincre que ce n'est pas, ainsi que les gens peu éclairés pourraient le penser, un privilège dévolu à certains esprits.

Cette propension à la riposte aisée n'est pas uniquement le fait des intelligences déliées et primesautières.

Ceux qui sont ainsi doués devront, au contraire, se tenir en garde contre la trop grande complaisance de leur cerveau.

Cette presque simultanéité dans la conception et la traduction verbale peut présenter de graves inconvénients, si elle est mal disciplinée, c'est-à-dire si la trop grande rapidité de la réponse n'a pas permis de suivre toutes les phases que doit parcourir le raisonnement, avant de se trouver interprété à haute voix.

Ceux là seuls qui conservent la maîtrise d'eux-mêmes peuvent formuler des ripostes telles, qu'ils en soient assez satisfaits pour n'avoir pas à regretter de ne les pouvoir modifier.

Bien entendu, le mot modifier est pris ici dans le sens de l'esprit de la phrase et non dans celui de l'énoncé.

Il est un écueil auquel se heurtent tous ceux qui ne savent pas exercer sur leur trop grande turbulence mentale, un contrôle sincère et efficace.

Il s'agit ici de ces mots, mauvais serviteurs de la pensée, qui, au lieu de la traduire fidèlement, la dénaturent de façon plus ou moins radicale.

Ces mots sont les créateurs de ces malentendus au cours desquels l'idée, mal présentée, se montre à l'interlocuteur sous une forme qui n'est pas la sienne propre.

Il en résulte parfois des quiproquos ridicules.

De graves complications sont aussi le fruit de cette ambiguïté.

De toutes façons, la réponse, ainsi conçue, n'atteint jamais le but visé.

Les mots choisis trop hâtivement ne gardent guère l'exacte mesure.

S'ils amplifient l'idée, au point de lui donner une importance que ne comporte pas le sujet, la réponse risque de tomber dans le ridicule, à moins que les susceptibilités de l'adversaire, hors de propos maltraitées, ne lui inspirent une réplique qui peut être le point de départ d'un inutile conflit.

S'ils ne font que l'effleurer, la réponse ne suscitera que l'indifférence ou l'incompréhension.

Avant tout, ce qui doit être recherché, c'est l'éveil de l'émotion chez l'adversaire.

Cette émotion ne sera jamais d'une nature agréable, car il est toujours fâcheux de se trouver atteint, si faiblement que ce soit.

Cependant elle peut adopter des formes plus ou moins graves.

Ce n'est souvent qu'un importun frôlement.

C'est aussi un choc, provoquant une meurtrissure.

Mais c'est parfois une véritable blessure, qui, pour

n'être point visible, n'en saigne pas moins indéfiniment.

Car les plaies faites par la réponse heureuse, s'adressent à l'endroit le plus vulnérable du cœur humain : l'amour-propre.

Il est donc particulièrement précieux de posséder la maîtrise qui, en permettant l'intervention du raisonnement, préserve de l'écueil dont nous venons de parler, en épargnant à celui qui riposte la faute la plus irréparable de toutes : la maladresse.

En matière de controverse verbale, cette discipline porte deux noms :

Le sang-froid ;

Le flegme.

Les gens superficiels ont une tendance marquée à confondre ces deux qualités.

Néanmoins, si toutes deux partent du même principe et semblent se traduire par des manifestations similaires, il n'en n'est pas moins vrai qu'elles sont absolument diverses.

Leur définition est différente.

Leur substance est dissemblable.

Leurs motifs sont exempts des mêmes éléments basiques.

Leur apparition comporte des raisons inégales.

Leurs qualités d'indépendance différencient.

Leur manière d'être s'affirme très distincte.

Ce n'est pas sans raison que le flegme et le sang-froid sont définis par deux termes, au lieu d'être enregistrés sous la même *définition*.

Le sang-froid est dû à l'effort d'une volonté qui, sous l'action d'une émotion imprévue, s'affirme assez forte pour laisser à l'esprit une liberté, qui lui permet de planer au-dessus des contingences fâcheuses, afin d'adopter rapidement une décision adéquate à la situation.

Le flegme est une apparente impassibilité, à l'abri de laquelle la pensée se meut, prompte et efficace.

La *substance* du sang-froid diffère de celle du flegme, en ce sens que le sang-froid n'ayant à se montrer que s'il est appelé, se classe, par cela même, dans la catégorie des qualités que l'on pourrait appeler « occasionnelles. »

Le flegme, au contraire, habite à l'état constant ceux qui ont su l'acquérir et trouvent en leur volonté la force de le maintenir en eux.

Le sang-froid peut donc être considéré comme un état passager, dû à l'impulsion d'un mouvement d'âme, que l'étude d'abord, l'habitude ensuite, ont rendu aisé à produire.

Le flegme est un état constant, dont un désir soutenu de conservation a organisé la fixité.

Les *motifs* qui produisent le flegme ne sont pas toujours ceux qui donnent au sang-froid le loisir de s'exercer.

Nous venons de dire que c'est un état habituel, dont la continuité s'affirme, aussi bien dans les circonstances graves que dans les détails les plus menus de l'existence.

En cas d'émotions fortes ou d'événements graves, le flegme et le sang-froid revêtent les mêmes apparences.

Mais, le danger passé, le sang-froid n'a plus raison d'être et il se dissimule, prêt toutefois à reparaître au moindre appel.

Le flegme, au contraire, reste toujours présent, car c'est un état et non une crise.

Comme on le voit, l'apparition de ces deux qualités comporte des *raisons inégales*.

Est-il besoin, après ce bref parallèle, de déterminer les *qualités de dépendance qui les différencient ?*

Le sang-froid est une qualité essentiellement dépendante puisqu'elle ne se manifeste qu'à la suite d'une circonstance déterminant une crise émotive.

Le flegme est indépendant. Il a une existence propre et n'est pas seulement provoqué par l'occasion.

Le sang-froid, si rien ne motive sa présence, demeure à l'état latent en celui qui le possède.

Le flegme est une sorte de sang-froid stabilisé, qui participe de chacun des actes, si insignifiants qu'ils puissent sembler.

Sa manière de s'affirmer est donc très distincte de celle qui caractérise le sang-froid.

Elle est moins apparente, puisqu'elle fait partie d'une manière d'être habituelle.

C'est peut-être pour cette raison que le flegme est, dans l'art de la réponse, un élément primordial de succès.

Quelques ripostes, restées célèbres, et qui, toutes, sont inspirées par la sérénité de pensée que donne le flegme, sont des preuves évidentes de son action certaine.

On cite à ce sujet celle que fit un grand homme à Mlle Clairon, la comédienne si admirée.

Elle était venue lui rendre visite, et, avec l'habitude de l'hyperbole qui caractérisait alors tous les gens de théâtre, elle se jeta à genoux en s'écriant : « Ah ! mon dieu tutélaire ! »

Le grand poète se trouva un instant fort embarassé.

Il sentait tout le ridicule de cette manifestation et s'en serait voulu d'y participer par une attitude approbatrice.

Pourtant il lui était pénible de répondre par une protestation banale à un témoignage qui, après tout, était flatteur.

Jeter sur l'enthousiasme de la Clairon la froide douche de la mise au point, lui paraissait une solution, dont la platitude s'accordait mal avec leur renommée respective.

Puis il tenait à ménager à la fois sa gloire d'homme célèbre, son prestige d'homme d'esprit et sa réputation d'homme galant.

Le flegme qui lui était départi lui permettait d'envisager les choses, de la façon dont nous venons de les analyser.

Il ne lui restait qu'à s'en tirer par un trait d'esprit qui, en sauvegardant les susceptibilités de la comédienne, lui assurerait la continuation de ses bonnes grâces, en même temps qu'il le rendrait maître de la situation.

Avec un visage impénétrable, il s'approcha de la Clairon, qui déjà avançait sa main vers celle que, suivant ce qu'elle croyait, il allait lui tendre, pour l'aider à se relever.

Mais ce geste, qui eût été banal, ne fut pas accompli.

Pliant à son tour les genoux, le poète s'installa sur le parquet, en face de l'artiste et d'un ton de bonhomie, il lui dit familièrement :

— Maintenant que nous voilà tous deux terre à terre, comment allez vous ?

Cette réponse, dictée par un flegme imperturbable, comportait toutes les qualités d'adresse et de finesse souhaitables, jointes à une critique subtilement exprimée.

Elle flattait l'orgueil de la Clairon, en affectant de mettre la gloire du grand homme au niveau de la sienne.

Elle soulignait, en une discrète raillerie, l'exagération du geste et de la phrase empruntés à des réminiscences théâtrales, que la situation n'admettait pas.

Enfin, non seulement elle sauvait le grand homme du ridicule, mais encore elle le laissait maître du terrain.

Le flegme, en cultivant l'impassibilité, inspire quelquefois des ripostes d'un autre genre, celles qui s'abstiennent de paroles.

Il est vrai de dire que, rarement ceux qui les ont élaborées s'en tiennent là et, le plus souvent, cette réponse muette n'a été combinée que pour aider à la fortune d'une riposte.

Les gens nerveux, les exubérants et les impulsifs sont incapables de fournir une telle réplique.

Seuls, ceux qui pratiquent le flegme sont à même de la distiller et de la mener à bien, c'est-à-dire manœuvrer de telle sorte que leur silence donne lieu à une interrogation.

Faut-il ajouter que les réponses à ces questions prévues, sont de celles qui sont ciselées avec art?

On cite à ce sujet celle du comédien Samson, dont le talent et l'esprit sont restés célèbres dans les fastes de la Comédie française.

C'était pendant la lecture d'une tragédie longue et filandreuse, que l'auteur, très protégé en haut lieu, mais pourvu d'un talent médiocre, psalmodiait d'une voix monocorde et pâteuse.

Au bout de quelques minutes, Samson, désintéressé de l'action peu captivante, que la pauvreté du style ne rachetait pas, doucement bercé par le ronronnement des vers, se sentit envahir par l'engourdissement précurseur du sommeil

Il lutta un moment, un très court moment, le temps nécessaire pour réfléchir à la réponse qu'il ferait au reproche qu'on ne manquerait pas de lui adresser, puis il se laissa aller au bien-être d'une douce somnolence.

L'auteur s'en aperçut et, tout en continuant de lire, rumina la remarque, qui le vengerait de l'indifférence du sociétaire.

Tout a une fin en ce monde, même l'audition d'une ennuyeuse tragédie.

Suivant la coutume, les artistes faisant partie du comité de lecture entourèrent l'auteur, lui adressant ces demi-compliments que les naïfs prennent au sérieux, tandis que les mieux avisés y voient ce qu'ils sont en réalité : des condoléances.

Malgré sa suffisance, il restait fort désappointé, et, sentant le besoin d'épancher son mécontentement, il interpella Samson, qui s'était lentement mêlé au groupe formé par ses camarades.

— Je me garderai bien, dit-il, de demander l'avis de M. Samson. A son âge, on a des habitudes invétérées et j'ai probablement eu le tort de choisir pour ma lecture l'heure de sa sieste journalière.

Samson, impassible, regarda l'auteur dans les yeux, et sans daigner relever l'allusion méchante, il lui dit le plus poliment :

— Mais monsieur, le sommeil est aussi une opinion.

Il est difficile de dire plus de choses en moins de mots.

Cette riposte traduisait, en termes dont l'urbanité semblait irréprochable, le profond dédain que lui inspiraient en même temps l'attaque du dramaturge et son œuvre elle-même.

Une autre lecture de tragédie attira à l'auteur une réponse digne de la précédente et qui, comme elle, fut construite à l'aide d'un véritable flegme :

Un écrivain, ami de l'académicien Périn, le tourmentait depuis longtemps pour lui faire entendre une tragédie en cinq actes.

Le savant éludait toujours ce moment pénible, et il avait même très loyalement averti l'auteur que son sujet manquait de nouveauté.

Mais celui-ci continuait à l'excéder de ses insistances, lui demandant simplement de l'écouter, sans dire un mot avant le dénouement qui, assurait-il, était plein d'originalité.

A bout de résistance, l'académicien, esclave de l'amitié, accueillit l'importun et se résigna à l'entendre.

Les idées défilaient, sans relief et ramassées un peu partout ; à la deuxième scène, Périn n'y tint plus, il interrompit le lecteur, lui faisant remarquer que la situation et le dialogue étaient des réminiscences trop fidèles d'une pièce qu'il cita.

Mais le dramaturge plein d'orgueil, se contenta de rappeler à l'interrupteur sa promesse de silence.

Périn parut se résigner ; il ne parla plus.

De temps en temps seulement, il s'inclinait avec un sourire, puis reprenait sa pose impassible.

A la fin, l'auteur s'étonna de cette attitude et il questionna :

— Ne faites pas attention, dit Périn, je salue de vieilles connaissances.

L'œuvre était, en effet, un tissu de souvenirs, empruntés à des situations dramatiques déjà exploitées.

L'académicien avait tenu parole : il n'avait pas parlé, mais son geste réitéré, souligné par le commentaire qu'il avait fait naître, était plus éloquent que de longs discours.

Les citations de réponses heureuses, obtenues par le flegme, pourraient se multiplier.

Il serait vain de nier son influence dans la réplique, car, en réunissant les éléments de maîtrise et de raisonnement, il permet d'établir en soi le calme, ennemi des impétuosités regrettables et générateur de précieux conseils.

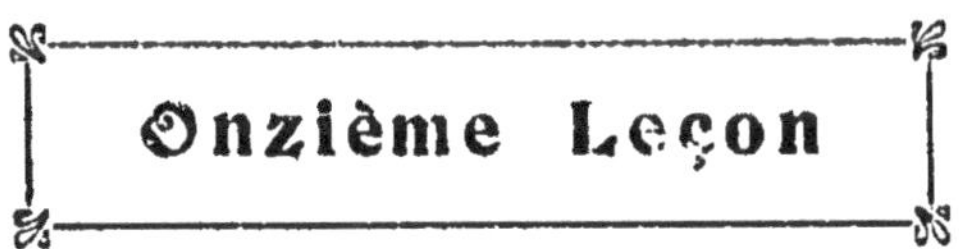

Onzième Leçon

Le jeu de mots.

On désigne sous le nom de « jeu de mots », une disposition spéciale de l'esprit, consistant à placer dans la phrase un mot qui lui donne un sens différent.

Ce sens est toujours étranger et, très souvent, entièrement opposé à celui que l'on devrait prévoir rationnellement.

Cette virtuosité d'un ordre évidemment inférieur, peut cependant être relevée par une grande connaissance du tact et de l'observation, jointe au souci de la présentation de l'idée.

Le jeu de mots se plaît souvent à des rapprochements inattendus, dont l'effet est d'amener la bifurcation de la pensée.

Détournée de sa pente rationnelle, elle se trouve soudain transportée dans des régions absolument contraires à celles pour lesquelles elle était partie.

Elle est parfois même entièrement désorbitée par l'émission d'un terme, dont l'application bizarre donne à la phrase un aspect abasourdissant.

Cette confusion volontaire amène presque toujours avec

elle des images tellement saugrenues, que le rire fuse des lèvres de ceux qui entendent ce jeu de mots.

Quelquefois le jeu de mots n'est qu'une saillie reposant sur la connexité de deux expressions.

Souvent encore il consiste dans le simple changement d'une lettre ou d'une syllabe.

L'assonance du mot visé se trouve ainsi conservée, mais son presque-sosie donne à la phrase un sens dont l'effet fortuit est irrésistible.

Le jeu de mots adopte aussi la forme d'une méprise voulue.

Dans ce cas, il affecte de confondre deux idées parfaitement disproportionnées et d'appliquer à l'une les raisons de l'autre.

Très fréquemment encore, il sert de tremplin à une phrase que l'on veut lancer.

Dans maintes occasions, le jeu de mots sert à exprimer ouvertement une pensée que, sans son secours, la plus simple correction eût interdit de formuler.

La vérité, sous une forme sérieuse, a plus de chance de choquer que la boutade.

De plus, celui qui subit cette boutade craint toujours, en se formalisant, d'accroître encore une déroute qu'il atténue, la plupart du temps, s'il feint d'en rire le premier.

On voit encore le jeu de mots servir de jouet, plus ou moins dangereux, à certains esprits habiles à jongler avec les expressions comme des baladins, qui tantôt zèbrent l'air avec des couteaux, tantôt se contentent de projeter rythmiquement des boules diaprées.

Il est assez difficile d'assigner des règles au jeu de mots.

Il est essentiellement fantaisiste et n'atteint pas toujours la hauteur que l'on voudrait lui faire franchir.

Comme le projectile du jongleur, le terme sur lequel on compte ne répond pas toujours à l'impulsion donnée.

Il suffit d'une déviation imperceptible, d'un retard ou d'une avance de centième de seconde, pour voir le globe brillant briser son essor et choir lourdement à terre, ou le couteau, mal lancé, blesser celui qui le manie.

Il n'est besoin que d'une imperceptible maladresse pour que le jeu de mots, au lieu de toucher l'adversaire ou de laisser briller l'esprit de son inventeur aux dépens d'autrui, retombe sans laisser d'autres traces que celle d'une plaie, reçue par celui qui pensait en faire une, ou ce qui est pis encore, l'impression pénible d'une balourdise.

L'Histoire, celle qui s'écrit avec une H majuscule ainsi que l'histoire anecdotique, dont les récits frivoles en sont les authentiques commentaires, sont riches de ces jeux de mots.

Quelques-uns, sous une forme futile, fustigent toute une époque.

D'autres adoptent un ton plus brutal.

Il en est même de vulgaires.

Cependant tous empruntent aux circonstances une acuité, qui peut n'être que piquante, s'ils relèvent un travers, mais devient poignante, quand elle ressuscite l'idée d'une souffrance impatiemment endurée et d'un souhait âprement formé, même sous une forme un peu ridicule.

Au temps où Mirabeau, victime à la fois d'une aventure sentimentale et d'une haine de famille, se trouvait enfermé au fort de Vincennes, un homme entra un jour dans son cachot. Il se présenta ainsi : « Monsieur, je suis le barbier du fort.

— Eh bien, riposta Mirabeau, rasez-le.

Le jeu de mots était à coup sûr médiocre, mais il est à remarquer que ce ne sont pas les personnages les plus importants de l'histoire qui manient le mieux les jeux de mots dans la réponse.

Ce genre de réplique veut des esprits moins vastes,

mieux amenuisés, moins aptes aux grandes conceptions, mais plus prompts à saisir la délicatesse des nuances.

On pourrait faire une exception en faveur de Talleyrand, qui savait aussi bien conduire le char de l'État à travers les méandres de la diplomatie, que frapper un jeu de mots, au coin de l'esprit le plus subtil.

Il est bon de dire que ses qualités de diplomate le servaient en ces occasions et que l'habitude de passer toutes ses pensées au creuset de la dissimulation professionnelle avait singulièrement aiguisé son esprit.

C'est lui qui répondit un jour à quelqu'un qui s'étonnait de la succession très importante d'un homme politique, dont la disparition mettait au jour une fortune, insoupçonnée de ses contemporains :

— Pourquoi s'étonner des richesses de cet homme ? Sa pauvreté eût été un phénomène bien plus surprenant, car, au cours de sa vie, il a vendu tous ceux qui l'ont acheté ! »

Le jeu de mots formé de ces deux verbes indiquant des contrastes était sanglant, car il affirmait, non seulement l'esprit de vénalité du défunt, mais encore son penchant à la trahison.

Nous avons parlé de jeux de mots reposant sur le changement ou la mutation d'une lettre ; cette altération parvient quelquefois à modifier d'une façon terrible le sens de la phrase.

Sous le grand roi, un magistrat s'était acquis en haut lieu une réputation d'intégrité, fort discutée par les gens modestes, dont il avait souvent abandonné la juste cause, pour faire triompher celle du client riche et généreux.

Une de ces victimes, un pauvre diable de littérateur, ruiné par les manœuvres du juge concussionnaire, avait juré de se venger et n'attendait qu'une occasion.

Celle-ci ne se présenta pas et il eut le chagrin de voir mourir son ennemi avant d'avoir accompli son serment.

Comme ceux de presque tous les opulents de la terre,

le cercueil de l'homme de robe fut salué par de nombreux regrets, exprimés dans des discours plus ou moins prolixes.

L'un d'eux, cependant, brilla par sa concision.

Soit que l'orateur fût à court d'idées, soit qu'il pensât avoir tout exprimé ainsi, il se contenta de dire :

— Cet homme de bien rendit pendant vingt ans la justice.

A peine avait-il prononcé ces mots que le poète, autrefois spolié par les manœuvres du défunt, s'élança à son tour :

— Je ne puis, dit-il, rendre un hommage plus véridique à la mémoire du disparu qu'en répétant les paroles que vous venez d'entendre.

Et, lentement il prononça :

— Cet homme de *rien vendit* pendant vingt ans la justice.

La vérité, a-t-il été dit, se sert parfois du jeu de mots pour se faire jour dans une boutade.

Ceci cependant, demande des qualités de subtilité, qui ne sont pas l'apanage de tous.

Cette boutade, quand elle est naïvement formulée, n'est souvent qu'une ruse de langage, qui, tout en exprimant brutalement ce qu'on veut dire, laisse le moyen de s'en défendre, en attribuant le côté désobligeant de la phrase à un quiproquo, né d'une involontaire ambiguïté.

Le financier La Noue faisait un jour à un grand seigneur les honneurs d'un magnifique palais qu'il venait de faire édifier.

L'homme de cour professait, comme tous ceux de sa race, le mépris parfait des enrichis.

Il avait, du reste, quelques raisons d'accentuer ce dédain à l'égard du manieur d'argent, car il n'ignorait pas que cette demeure était le résultat d'exactions de toutes sortes, dont ses pareils et lui-même avaient été victimes, de la part du financier.

C'est donc avec un dédain à peine déguisé qu'il parcourut, à la suite du parvenu, ces appartements que leur propriétaire vantait sans discrétion.

De temps en temps, celui-ci interrogeait son visiteur :

— N'est-ce pas, marquis, que cela est magnifique ?

Le marquis répondait par un signe hautain d'assentiment et la promenade continuait.

Arrivé au bout d'une somptueuse galerie, il montra un escalier, ingénieusement dissimulé dans la muraille :

— Et cet escalier dérobé, qu'en dites-vous ?

— Je dis, répliqua le gentilhomme, qu'il est comme tout le reste de la maison.

Cet artifice de langage cachait une insolente vérité. Il jouait sur le mot *dérobé*, insinuant ainsi que la maison représentait des gains illicites.

Le financier n'était pas un sot ; il comprit la leçon, mais se garda bien de le laisser voir.

Il sourit gracieusement au marquis et feignit d'attribuer la comparaison à l'adjectif magnifique.

C'est le cas de dire avec le fabuliste :

Fit-il pas mieux que de se plaindre ?

Ces saillies, assez subtiles pour faire entendre la vérité, pour permettre la méprise, ou même l'affectation de la méprise, doivent être conçues par des esprits infiniment déliés.

Avant tout le jeu de mots doit se garder de la lourdeur et de la vulgarité.

Il en est un que l'on doit éviter à tout prix : c'est cette confusion grossière de termes à peu près semblables, quant à l'assonance, que l'on nomme : le calembour.

Le calembour, les à peu près sont seulement dignes des esprits médiocres.

On peut même ajouter qu'ils amènent très vite une fatigue certaine chez l'auditeur.

Celui dont l'esprit est assez prompt pour comprendre immédiatement le ridicule d'une situation et l'adapter à une réflexion piquante, doit se méfier un peu de lui.

La tendance à tout résoudre par un bon mot ne doit pas être poussée à l'extrême.

Dans cet ordre d'idées, la qualité seule doit compter.

La quantité trop avidement poursuivie, nuit toujours à la sélection et les jeux de mots doivent appartenir à cette recherche.

Sous peine de faire long feu ou, qui pis est, de tomber dans la vulgarité, ils feront l'objet d'un choix absolu.

C'est à cette condition seule que les réponses inspirées par eux atteindront l'adversaire.

C'est à cette condition seule qu'ils mériteront aussi de braver l'oubli des ans.

Douzième Leçon

L'esprit d'adaptation.

Pour acquérir la facilité de réponse que nous étudions ici, il est essentiel de posséder une possibilité certaine d'adaptation.

On entend par là cette disposition qui permet de conformer l'esprit des répliques à celui qu'il exige.

Les saillies les meilleures, les plus spirituelles réparties, peuvent n'avoir aucune portée, si elles sont formulées hors de l'ambiance qui leur est propre.

L'esprit d'adaptation comporte donc plusieurs éléments d'analyse, que nous allons brièvement passer en revue.

L'appréciation du milieu ;

La science de l'opportunité ;

Le ton général de l'échange de paroles.

L'appréciation du milieu consiste dans l'évaluation de cette atmosphère spéciale qui se dégage de toute réunion.

Elle est indispensable à celui qui désire ne pas parler inutilement.

Elle pourra même le sauver d'un péril qui guette ceux qui négligent ces considérations.

Ce péril, bien connu de tous les gens avisés qui le redoutent à l'égal d'une catastrophe, est familièrement désigné par un mot expressif : la gaffe.

Ceux qui, par paresse, par légèreté ou par ignorance, dédaignent de s'informer de l'esprit du milieu dans lequel ils évoluent, ne peuvent taire, à quelque moment, la remarque fâcheuse qui, en blessant l'amour-propre de ceux devant lesquels elle est formulée, lui attire d'inutiles ennemis.

On pourrait sourire et penser que le mot « inutile » précédant celui d'ennemi, constitue une naïveté.

Il n'en est rien.

Il y a des ennemis qui le deviennent par la force des circonstances et l'enchaînement des motifs.

Pour des raisons que l'on considère comme valables, on a éveillé leur haine et l'on doit se résigner à la combattre ou à la subir.

Ceux que nous avons désignés sous le nom d'inutiles ennemis sont les gens que l'on a froissés sans motif, alors que l'on n'avait aucune raison de dresser une attaque contre eux et qu'ils n'avaient pas donné lieu à une agressive défense.

Il en est même que l'on classe parmi les sympathiques.

Pourtant, celui qui omet de s'enquérir du milieu dans lequel il se meut, est exposé à les meurtrir, en émettant des affirmations, des comparaisons ou des opinions qui sont pour eux des rappels fâcheux.

Ceux qui en sont victimes se trouvent devant ce dilemme :

Ou le causeur n'ignorait pas les particularités déplaisantes auxquelles il a semblé faire allusion, et dans ce cas, son désir d'hostilité est évident.

Ou bien, les connaissant, il les a oubliées et cette légèreté le fait considérer comme dangereux.

Ou encore si elles lui étaient, par défaut d'information

demeurées étrangères, cette indifférence le fait redouter, car elle peut produire de nouveaux heurts.

De toutes façons, on fuit le maladroit ou le méchant et on lui témoigne de l'antipathie ou de la rancune.

Il s'est donc fait d'*inutiles ennemis* puisque, sans intérêt spécial et sans préméditation, il a suscité l'hostilité dans le cœur des gens qui ne demandaient qu'à lui demeurer sympathiques ou indifférents.

Avant d'élaborer une réponse, il sera donc nécessaire de s'informer de l'esprit du milieu, dans lequel on la fera entendre.

Cette étude portera sur trois points principaux :

Les convictions ;

L'état social ;

La vie privée.

Nous avons déjà eu l'occasion de dire combien il est important de ne pas froisser sans raison une conviction, de quelque nature qu'elle soit.

Si elle est sincère, on choquera ceux qui la cultivent et on s'aliénera ainsi, sans profit, des bonnes volontés éventuelles.

Si elle n'est qu'apparente, celui qui la proclame ne la defendra que plus âprement, car qui affiche une conviction artificielle ne voit pas, sans déplaisir, saper ce qu'il considère comme un moyen de réussite.

Il se peut, cependant, que celui qui discute ait un intérêt — moral ou matériel — à entrer en controverse à ce sujet.

Alors il le fera en pleine connaissance de cause, avec l'habileté que donne l'assurance de la direction choisie et définitivement adoptée.

S'il suscite des inimités, elles ne seront jamais stériles, car il les verra compensées par autant de sympathies.

Ses réponses ne seront pas improductives et, quelque soit le résultat obtenu, il présentera toujours un intérêt.

Au contraire, celui qui néglige de s'assurer des convictions en honneur dans le milieu où il se trouve, et les piétine inconsciemment, ne connaîtra jamais le succès des réponses efficaces.

Les siennes, en éveillant des susceptibilités, disposeront ses auditeurs à la sévérité et les répliques les mieux ciselées tomberont dans un silence fait d'indifférence ou d'hostilité.

L'état social de ceux auxquels on s'adresse, influence encore sérieusement la qualité des réponses.

Avant tout, pour obtenir son plein effet, une réponse doit être comprise de tous.

Le langage sera donc approprié à la mentalité la plus répandue dans le milieu social où l'on évolue.

Une réponse comportant maintes subtilités restera incomprise de ceux que leur situation sociale a tenus éloignés des choses intellectuelles.

En revanche la saillie, empreinte d'une bonhomie teintée de simple franchise, ne manquera pas d'obtenir leurs suffrages.

Devant les supérieurs, la réplique n'adoptera pas la forme impétueuse qu'elle aurait avec des égaux.

Enfin, si l'auditoire représente une majorité d'esprits cultivés, le choix des expressions et la délicatesse de l'idée devront s'allier dans l'élaboration de la réponse.

Il n'est pas vain non plus de se renseigner — tout au moins dans les grandes lignes — sur la vie privée de ceux avec lesquels on est appelé à échanger des idées.

Cette connaissance évitera de frapper l'adversaire à tort ou de lui porter de ces coups que les gens de bonne éducation pourraient considérer comme déloyaux.

Il est des plaies qu'une allusion maladroite fait saigner comme au premier jour, et celui qui, par ignorance, les ouvre de nouveau, perd souvent le bénéfice d'une réponse heureuse, car la grossièreté ou la maladresse qu'on lui attribue enlèvent tout le prestige qu'il aurait pu conquérir.

La science de l'opportunité est l'application vers l'acquisition d'une aptitude, consistant dans l'identification avec l'âme contemporaine.

L'esprit de l'époque, c'est-à-dire la mentalité régnante, se renouvelle souvent.

Chaque époque a connu des états d'esprits différenciant essentiellement de ceux qui caractérisaient les précédentes périodes, et ceux qui voudraient, pour élaborer leurs réponses, s'en rapporter à la façon de penser de leurs pères, risqueraient de ne jamais connaître le succès.

L'esprit contemporain varie, non seulement avec chaque génération, mais se modifie souvent au cours de quelques lustres.

Les penseurs, parvenus à un âge avancé, conviennent tous que les idées dont ils ont bercé leur jeunesse n'étaient pas celles qui ont fleuri leur maturité et ils avouent encore qu'ils ont relégué ces dernières dans le coin d'oubli où dorment les convictions mortes et les pensées périmées.

Néanmoins, il est parfois tout aussi nuisible de trop devancer l'esprit général de l'époque.

Tout au moins ne doit-on le faire que dans certains milieux très évolués.

Ceci pour plusieurs raisons :

On risquerait de n'être pas compris;

La pensée pourrait être mal interprétée;

De plus, il est possible que la tendance soit sévèrement jugée.

La prépondérance de l'esprit contemporain ne doit donc jamais être méconnue, car pour être compris de tous, il est essentiel de se façonner une mentalité répondant au génie de l'époque.

La connaissance des personnalités joue un grand rôle dans la réponse facile.

Il ne faut pas perdre de vue le point principal : la

réponse facile ne vaut qu'autant qu'elle est, en même temps, une réponse habile.

Or, l'habileté dans la répartie consiste à toucher son contradicteur, d'une façon plus ou moins bénévole, selon les circonstances, mais à l'atteindre sûrement.

Les réponses ne sont cependant pas toujours agressives : elles n'exigent souvent que du tact et de l'adresse.

Dans ce cas, la connaissance des personnalités s'impose.

On doit toujours faire entrer en ligne de compte les vanités d'autrui, et, il faut bien l'avouer, chez certains hommes de mérite, ce mouvement d'âme n'est fait que de légitime orgueil.

Des savants, des hommes d'État remarquables, tous ceux enfin qui sont récompensés par les honneurs et la gloire d'une vie entière de travail et d'application, sont, malgré eux, mal disposés contre celui qui ignore leur personnalité.

Le mot « personnalité » se prend encore dans un autre sens.

Il indique alors une sorte de sélection mentale, classant ceux qui en font partie dans une caste à part.

Ceux-là sont accessibles aux sentiments qui ne touchent pas la masse.

En revanche, ils dédaignent les luttes mesquines dont le vulgaire se préoccupe.

Ils font fi des aspirations inférieures et des préjugés étroits dont les gens médiocres encombrent si volontiers leur existence.

La réponse facile doit donc se baser, selon qu'elle s'adresse à l'une des catégories que nous venons de citer, sur la connaissance de la personnalité de ceux qu'elle a pour but d'intéresser ou d'atteindre.

Le ton général de l'échange de paroles a également une influence indéniable sur la forme de la réponse.

Dans une discussion sévère, elle adoptera une tendance documentaire et probante.

Dans la causerie frivole, elle s'attachera au cliquetis brillant des mots, plutôt qu'à l'idée elle-même.

Si le ton général est hostile, la réponse de défense prendra une âpreté agressive.

Cependant, elle conservera toujours, ainsi que nous l'avons déjà si souvent prescrit, le ton de la bonne éducation.

Les violences n'ont jamais rien prouvé et la réponse facile doit toujours pouvoir se comparer à un duel élégant et loyal et non à un pugilat sans beauté.

Treizième Leçon

La mémoire et la réponse.

Dans les questions relatives à l'art de la réponse facile, la mémoire est une arme à deux tranchants.

Elle est souvent une aide efficace.

Parfois aussi, elle devient une détestable collaboratrice.

Son rôle, dans la réponse, est infiniment étendu.

Elle procède aussi bien par analogie que par rappel direct.

L'analogie, cependant, peut être regardée comme sa manifestation la plus heureuse, car, sous cette forme, les redites sont moins à redouter.

Elle suscite, en effet, des images qui ont, presque toujours, l'avantage de la nouveauté car, pour chaque individu, les rappels analogiques n'aboutissent pas fatalement à une réminiscence similaire.

La même image ne se reproduit pas dans le cerveau, quand la résurrection mentale est un effet de l'analogie.

En voici les raisons :

L'analogie est un phénomène qui réunit dans la pensée deux objets semblant n'avoir entre eux aucun point de contact.

Les réponses suscitées par les rappels analogiques doivent donc être dissemblables pour chaque personne, puisque le travail cérébral ne porte que sur une jonction mentale absolument personnelle.

Par exemple, quiconque a vu un grave événement de sa vie se dérouler dans un certain site, ne pourra revoir un paysage semblable sans se trouver envahi par le retour de l'émotion autrefois ressentie.

Celui qui, au cours de circonstances — douloureuses ou gaies — a perçu une odeur, agréable ou non, ressuscitera involontairement l'atmosphère du passé, s'il respire un arome qui lui rappelle l'ancien.

C'est donc à juste titre que les réponses suscitées par la mémoire analogique sont qualifiées de réponses originales, car un souvenir pareil n'entraîne pas forcément la même association d'idées chez des individus différents.

La création de l'image constituant la substance de la réponse se trouvant, dans ce cas, entièrement dépendante de l'incident représentant un élément d'un fait antérieur, il est inadmissible que ces réminiscences n'amènent pas pour chacun une diversité de rappels, car ces éléments sont multiples et ne sont guère distinctement perçus que par les esprits délicats.

Pour cette raison, la réponse reposant sur l'analogie appartient rarement à la classification fâcheuse.

Les motifs d'association étant nombreux, pour ce qui concerne un même sujet, ils ne sont pas forcément identiques pour chacun de ceux qui se les remémorent.

Il se peut que le même souvenir hante plusieurs individus, sans que la chaîne de leurs pensées parte du même point : la réponse qui en découle sera donc dissemblable pour chacun d'entre eux.

Les uns auront été frappés par la forme ; d'autres par la couleur ; les uns auront remarqué la nature du parfum ; quelques-uns ne se seront attachés qu'au côté psychologique.

Il est donc bien certain que cette partielle et très diverse réminiscence inspirera une grande variété de réponses, puisque, pour un même sujet, les réponses peuvent être disparates et même contradictoires.

Ce que nous venons de dire pour plusieurs peut être dit à propos d'un seul.

Les éléments composant un fait sont tellement touffus qu'il est possible d'exercer plusieurs fois la mémoire analogique sur un objet, sans que les réponses méritent le nom de redites.

Moins compliquée est l'opération du cerveau qui consiste simplement dans la reproduction mentale d'un fait passé ou d'un état ancien.

Toutefois, il est bon de se mettre en garde contre l'insistance trop marquée des souvenirs.

Il en est qui, en se représentant trop complaisamment, provoquent d'involontaires répétitions, que les gens sans indulgence ne manquent pas de qualifier de « rabâchage ».

En ce qui concerne la réponse, on pourrait diviser ces rappels en deux catégories bien distinctes :

La mémoire édificatrice ;

La mémoire plagiaire.

La mémoire édificatrice est celle qui se sert d'un souvenir comme d'un point d'organisation.

Autour de ce souvenir, elle brode des improvisations dont la mémoire ne lui a fourni que la trame.

Le rappel d'une réponse heureuse, lancée dans une situation analogue au cas présent, lui suggère une réplique dont les termes ne sont pas identiques, mais dont le sens est similaire.

Elle observe, non pas la lettre, mais l'esprit de la repartie qui triompha jadis.

Si le causeur est bien servi par les qualités dont nous avons fait l'énumération, sa réponse prend une acuité et une originalité qui lui sont propres.

Il arrive parfois qu'au cours de la discussion, les termes et même la teneur des phrases, se modifient entièrement.

Il reste alors si peu de chose de l'idée première, qu'il est besoin de posséder une grande loyauté pour s'en avouer à soi-même l'origine étrangère.

Toutefois, si l'on est sincère, on conviendra que, sans la mémoire, on n'aurait pas eu le loisir de mettre sa verve au jour, car c'est un souvenir qui a fourni les éléments basiques de la réplique.

Ce serait donc une grosse erreur que de croire la mémoire édificatrice entachée de servilité.

Elle ne diffère de l'improvisation qu'en un point: elle a besoin de matériaux pour mener à bien son œuvre.

Mais, dès qu'elle les possède, elle les dispose avec art et sait les décorer brillamment.

Toute différente est la *mémoire plagiaire.*

Celle-ci s'exerce quelquefois involontairement et le causeur doit s'en défier quand il élabore une réponse.

La mémoire plagiaire pourrait mériter le reproche d'être trop fidèle.

Elle reproduit les mots entendus avec une désespérante netteté et les orateurs peu scrupuleux profitent de cette disposition pour les redire textuellement.

Hâtons-nous d'ajouter que les répliques dues à ce genre d'esprit ont rarement du succès.

Il est rare que, dans l'assistance, il ne se trouve pas quelqu'un pour lequel elles sont des choses déjà entendues, et ce plagiat tourne toujours à la confusion de celui qui le commet.

Une variété de cette mémoire est celle qu'on désigne sous le nom de « démarqueuse ».

Elle s'approprie les réponses heureuses, mais les « démarque » en remplaçant les termes originaux par des synonymes.

Ces réponses font toujours long feu et c'est justice, car le succès d'une réplique dépend toujours du choix des expressions, qui se sertissent dans la phrase comme un joyau dans son alvéole d'or.

Ceux qui veulent être habiles dans l'art de la réponse, se serviront seulement de la mémoire comme d'un tremplin, d'où ils s'élanceront vers d'autres régions.

La réplique heureuse consiste parfois aussi dans un oubli affecté.

Cette prétendue rébellion du souvenir peut servir les adroits, en leur épargnant une médisance.

Quelquefois, pourtant, elle est le prétexte d'une attaque qui, pour être déguisée, n'en est pas moins cinglante.

Nous empruntons à l'Angleterre l'exemple suivant :

Le duc de Malborough passait pour avoir été, pendant toute sa vie, un avare invétéré et on citait de lui des traits d'une cupidité si extrême, qu'elle frisait l'invraisemblance.

Or, le duc, de son vivant, avait eu pour ennemi déclaré Lord Bolingbrook, qui était présent à la conversation.

Afin d'affirmer la vérité de ses dires, le causeur eut l'idée d'en appeler au témoignage de ce dernier, persuadé qu'il serait heureux de rendre hommage à la vérité en satisfaisant sa haine.

— Vous qui avez connu Malborough, dit-il, vous pouvez dire à quel point il était avide et parcimonieux.

Sur ce, Bolingbrook réfléchit un instant; puis, d'un ton de bonhomie affectée :

— Malborough ? dit-il, en paraissant rappeler ses souvenirs, Malborough ? Ma foi, c'était un si grand homme que j'ai oublié ses vices.

On ne peut qu'admirer l'artifice, la mesure et, en même temps, la malignité de cette réponse.

Bolingbrook, en prétendant manquer de mémoire, au sujet des vices de Malborough, se gardait bien de les nier ; au contraire, il en affirmait tacitement l'existence et même la pluralité, tout en affectant de faire l'éloge du défunt et en paraissant faire acte de grandeur d'âme.

C'était là une réplique perfide, constituant une vengeance posthume si bien conçue, que malgré tout le fiel qu'elle distille, on ne peut s'empêcher de l'admirer.

Plus brutale est celle que fit le financier Bourvalais à Thévenin, qui l'accusait de manquer de mémoire.

Ils se trouvaient tous deux à une réunion de créanciers. La discussion étant devenue orageuse, au cours des répliques qui s'entre-croisaient comme des fers de lances, Thévenin, à bout d'arguments, interpella Bourvalais en ces termes :

— Vous manquez de mémoire. Vous oubliez que vous avez été mon valet.

— Si vous aviez été le mien, vous le seriez encore, répliqua le financier qui n'avait dû son élévation qu'à la pratique de toutes les qualités de finesse et de flegme que nous avons préconisées.

Cruelle réplique, s'il en fut.

La supériorité mentale du financier s'y affirmait, et, grâce à son habileté, le rappel de son état ancien de servitude, au lieu de le couvrir de confusion, concourait à l'augmentation de son prestige.

C'est avec orgueil qu'il se remémorait le chemin parcouru et ce sentiment s'accroissait de la conviction que, parti du même point, son adversaire eût été incapable d'atteindre au même niveau.

Ces reparties, qui sont restées célèbres, démontrent amplement la valeur de la mémoire dans l'art de la réponse.

Elle peut être, suivant les cas, heureusement évoquée ou sciemment délaissée.

On peut solliciter son apparition ou paraître regretter son absence, si l'on juge à propos de feindre l'ignorance.

Elle est quelquefois une dangereuse servante, trop docile et trop indiscrète.

C'est que, comme bon nombre de facultés, elle ne donne la mesure de son efficacité que si elle est maniée avec adresse, par des esprits délicats et déliés.

Précieuse auxiliaire pour ceux-ci, elle deviendra redoutable pour les lourdauds ou les étourdis.

Dans la réponse, la mémoire rappelle le bloc de la fable, qui, selon le talent du sculpteur qui le taille, deviendra dieu, table ou cuvette.

Elle peut, parfois aussi, rester à l'état brut et être la lourde pierre qui, suivant la force de celui qui en dispose, frappera sans merci l'adversaire, à moins que, s'échappant des mains trop débiles qui la maintiennent, elle ne cause à celui qui ne sait pas la lancer une blessure douloureuse et profonde, en retombant sur lui de tout son poids.

Quatorzième Leçon

Les réponses et l'esprit de critique.

On se méprend trop volontiers sur le sens du mot *critique.*

Le plus souvent même, on le dénature en en faisant le synonyme de blâme.

La critique n'est pas forcément une appréciation fâcheuse.

C'est encore moins un dénigrement.

C'est une analyse, dont le but est d'apprécier les qualités ou les défauts de ce qui fait l'objet de l'examen.

C'est un jugement et non une désapprobation systématique.

Toute expression haineuse sera bannie d'une critique sincère.

Les événements qui en font l'objet devront être étudiés impartialement, sans pensée hostile et sans intention d'indulgence.

Aucune idée préconçue ne doit hanter l'esprit d'un critique loyal.

Un écueil trop fréquent se dresse en face des censeurs, écueil qu'il faut éviter à tout prix : celui de l'opinion toute faite.

L'opinion toute faite est celle que l'on adopte, sans avoir pris la peine de réfléchir ou d'analyser les raisons militant en faveur de ce jugement.

Les causes créatrices de cette manière de voir artificielle sont, presque sans exception, d'un ordre très médiocre.

En toute première ligne, nous trouvons la faiblesse de volonté, qui, en semant la haine de l'effort, interdit au nonchalant le travail mental, précédant l'adoption ou le rejet d'une opinion.

Ce travail parcourt toujours deux phases :

L'examen ;

La discussion.

L'examen comporte la documentation relative au sujet que l'on désire connaître.

Puis vient ensuite la discussion, c'est-à-dire l'examen contradictoire.

Cette discussion est toute cérébrale et n'est que la conséquence de la recherche documentaire.

Sans ces deux étapes, l'opinion ne peut être que dépendante.

La faiblesse, ne l'oublions pas, engendre encore la flatterie.

Chez beaucoup de gens médiocres, l'idée personnelle n'est que très peu vénérée et ils la sacrifient volontiers en faveur de celle qui leur est suggérée par le personnage dont ils désirent s'assurer la bienveillance.

Chez certains autres, la flatterie devient une bassesse qui, au lieu de la critique obligée, met sur leurs lèvres un mensonge que le ridicule rend odieux, quelquefois, et grotesque souvent.

Témoin cette réponse que fit l'abbé de Polignac au roi Louis XIV.

Le Roi-Soleil se promenait à Marly en compagnie de cet abbé : la pluie vint à tomber et le souverain dit avec une condescendante bonté :

— L'abbé, votre bel habit va être taché.

— Oh ! sire, protesta Polignac, la pluie de Marly ne tache pas.

Mais, parmi ceux qui adoptent une opinion toute faite, il en est auxquels l'immolation entière de leur pensée semble trop pénible et ils prennent un moyen terme.

Ils se contentent de modifier leur opinion, dans le sens de celle qu'arbore celui qu'ils veulent flatter.

Cette concession en libérant leur conscience, sauvegarde leurs intérêts.

Parfois aussi la crainte devient génératrice de cette mutation.

En maintenant son dire, on redoute la colère de ceux dont les vues sont divergentes, et, pour éviter de leur déplaire, on se résigne à délaisser ses convictions, pour en afficher d'autres, d'une nature absolument différente.

Devons-nous ajouter qu'en agissant ainsi, on gagne certainement le mépris de soi-même et rarement la tranquillité visée par ces cœurs sans courage ?

Mais, en aucun de ces cas, on ne peut prétendre formuler une véritable critique.

La critique, telle qu'elle doit être exercée, est une étude loyale, qui n'exclut pas la censure et comporte l'improbation ainsi que la réfutation, sans préjudice de l'assentiment.

Mais là s'arrête son rôle.

Nous venons de dire qu'elle pouvait être bienveillante, pourtant si elle l'était exclusivement, elle troquerait son nom contre celui de louange.

Le plus souvent, elle adopte la forme d'une raillerie, plus ou moins bénigne, concernant les défauts constatés.

Il est également nécessaire, pour que la critique ne soit pas entachée de déloyauté, qu'il y ait égalité dans les termes de comparaison.

Telle action, jugée belle si elle est accomplie par un adolescent, sera regardée comme insuffisante, si elle est effectuée par un homme mûr.

Tel effort intellectuel sera applaudi chez un ignorant, alors que le même résultat, obtenu par un savant, semblera mesquin ou dérisoire.

Ceci dit, il reste à nous préoccuper de ce que doit être la critique dans la réponse.

Elle se conformera aux conseils donnés ici, sinon les réponses ne seraient plus marquées au coin de la bonne critique, mais verseraient dans la satire.

On sait que la satire se différencie de la critique par sa forme obligée d'hostilité.

Elle est toujours malveillante et ne se soucie guère de la vérité qu'elle travestit, ni de l'indulgence qu'elle ignore.

Nous nous en occuperons peu, car elle ne fait pas partie des réponses faciles, et trop souvent elle pourrait se classer sous la rubrique des reparties diffamatoires.

Nous la délaisserons donc pour passer rapidement en revue les conditions requises pour les manifestations de la critique dans les réponses.

Celles-ci doivent surtout renfermer de l'ironie, avec une pointe de raillerie parfois.

Le sarcasme n'appartient pas à l'esprit critique : il se montre dans la satire surtout.

Nous avons déjà parlé de l'ironie.

Nous nous contenterons de rappeler qu'elle est une figure employée par la critique, pour dire le contraire de ce que l'on veut faire entendre, en employant des expressions si transparentes que personne ne s'y peut tromper.

L'ironie, dans la réponse, consiste parfois à ne pas parler des choses que l'on veut blâmer et à construire la phrase de telle façon que, sans avoir dit un mot de ce que l'on a fait comprendre, tout soit aussi bien éclairé que si l'on y avait porté la lumière des explications directes.

Alexandre Dumas nous donne l'exemple d'une de ces réponses, dont l'ironie atteint et flagelle ceux-là mêmes qu'elle affecte de ne pas nommer.

Il avait été invité à un grand déjeuner chez un ministre, qui avait rassemblé en outre quelques convives.

Faut-il en accuser les qualités intellectuelles de ces derniers ?

Cela tint-il à une disposition fâcheuse de l'écrivain ?

Toujours est-il que ce repas, donné en son honneur, lui sembla mortellement ennuyeux.

Aussi lorsqu'à quelques jours de là, on lui demandait des détails sur ces agapes en le questionnant sur la satisfaction qu'il avait retirée de cette réception, il répliqua négligemment :

— Oh ! sans moi, je me serais bien ennuyé !

Cette réponse était une critique très mordante des convives et de l'amphytrion, mais elle ne formulait cependant aucune remarque à leur égard, puisqu'elle évitait d'en parler.

Il était difficile, néanmoins, de mieux critiquer le morne ennui qui se dégageait du groupe des déjeuneurs, puisque Dumas prétendait n'avoir pu y échapper qu'en se réfugiant en lui-même.

Plus directe est la critique que fit le prince de Condé dans une réponse, dont le jeu de mots fit fortune à l'époque.

Un certain Miraut, fermier des gabelles, avait été taxé de cent mille écus et il s'en plaignait hautement.

Un homme de cour, dont la fortune ébranlée avait besoin de l'étai des écus du fermier, entreprit de faire rapporter cet arrêt et s'en vint trouver le prince de Condé qu'il chercha à apitoyer sur ce qu'il appelait l'injustice commise au préjudice du parvenu.

Mais le prince de Condé n'était pas tendre pour les spéculateurs enrichis et son humeur s'épandit dans une réponse qui était la critique sévère de leurs agissements.

— Bah ! dit-il, Miraut et ses pareils sont comme les oiseaux ; ce n'est pas quelques plumes de moins qui les empêchent de bien voler.

Cette fois la réponse atteint le ton de raillerie pour exprimer une critique, qui revêt toutes les apparences de l'accusation.

Par cette réponse, Miraut se trouvait définitivement classé par le grand seigneur et les expressions les plus flétrissantes n'auraient rien ajouté à cette réplique, dont la légèreté excusait la sévérité.

Boileau fut autrefois moins tendre pour un médecin dont il prisait peu la science et qu'il avait, en outre, des raisons particulières de ne pas aimer.

Il exprima en deux phrases le mépris dont il voulait flageller ce Perrault, qui, de ce fait, se trouva passer à la postérité.

> La preuve qu'il ne fut jamais mon médecin,
> C'est que je suis encore en vie.

On peut voir dans ces deux vers la critique de la science de Perrault, en même temps que celle de son caractère.

Eût-il laissé mourir Boileau par ignorance et maladresse?

L'eût-il tué inconsciemment par l'administration intempestive de quelque drogue nocive?

Eût-il été jusqu'à user de son savoir pour aider le poète à passer de vie à trépas?

Autant de mystères que l'esprit critique de la réponse laisse planer sur la mémoire du médecin.

Il y a, on le voit, toujours un peu de perfidie dans la réponse qui vise à la critique.

C'est pourquoi elle ne doit être lancée que par un causeur assez sûr de lui pour s'arrêter à la limite qui sépare la critique de la diffamation.

Elle est cependant rendue plus aisée par la généralisation.

On peut plus facilement critiquer une masse qu'un

individu, une institution qu'un directeur, une caste qu'un de ses représentants.

Duclos a ainsi critiqué certains grands personnages de son époque, qui affichaient un mépris outré pour les gens de lettres. A quelqu'un qui l'interrogeait sur son opinion à leur sujet, il répondit :

— Ces grands seigneurs nous craignent comme les voleurs craignent les réverbères,

Cette critique avait une double signification : elle faisait entendre que les grands craignent parfois la lumière, mettant au jour certains actes qu'ils veulent laisser dans l'ombre.

Elle voulait aussi faire allusion à la coutume assez barbare, consistant en une justice sommaire.

Le réverbère pour le voleur pouvait devenir un éventuel gibet; la critique, pour certains malfaiteurs du grand monde devenait un pilori.

C'est encore là le rôle qu'elle joue dans les réponses et celles qui sont inspirées ainsi que nous venons de le voir, atteindront toujours l'endroit qu'elles auront visé.

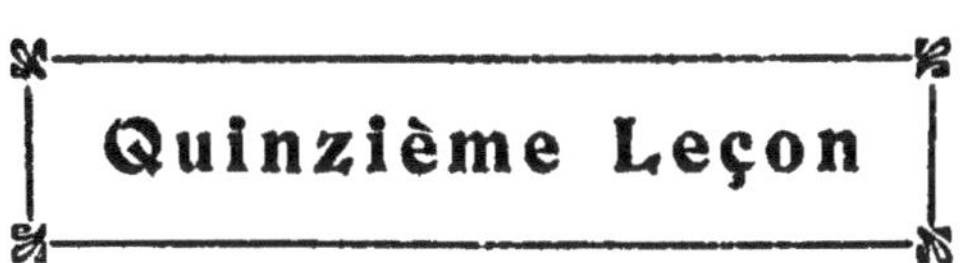

Quinzième Leçon

Ne forçons point notre talent.

Après avoir suffisamment étudié les conseils qui parsèment les chapitres précédents, il sera bon de relire les exemples que nous avons cités et de s'inspirer, non de la lettre, mais de l'esprit des réponses.

Les circonstances dans lesquelles elles ont été formulées.

L'état d'âme dans lequel elles ont été conçues.

Le degré d'intensité qui fit leur fortune.

C'est à dessein que nous interdisons de s'attacher exclusivement à la lettre, car nous avons pu voir, dans un chapitre précédent, de quels méfaits une mémoire trop fidèle est capable.

Néanmoins, en se tenant en garde contre les pièges du plagiat, il sera bon de chercher à rapprocher les quelques réponses citées ici, de situations analogues, dans lesquelles elles auraient pu trouver place.

Ensuite, on se remémorera ces phrases en cherchant, autant que possible, à en ressusciter l'ambiance.

Mais encore une fois, on devra sévèrement se garder du piège des rééditions, toujours fâcheuses à plus d'un titre.

Elles sont sans valeur au point de vue du progrès.

Elles présentent le danger d'être reconnues.

Or, celui qui fut une fois surpris en flagrant délit de plagiat, deviendrait-il plus tard un causeur de talent, gardera toujours ce stigmate.

Celui qui veut cultiver l'art de la réponse doit méditer la boutade si pleine d'observation profonde, attribuée au prince de Talleyrand.

On parlait devant lui d'une époque qui précéda la Révolution, ajoutant :

— A ce moment, on jetait l'esprit à pleines mains.

— Oui, répondit Talleyrand, et le merveilleux, c'est que personne ne le ramassait.

Ce qui voulait dire qu'en ce bienheureux temps, chacun se contentait de son esprit propre, sans se soucier de celui que le voisin prodiguait et sans daigner relever pour son compte les traits heureux qu'il laissait tomber.

C'est ainsi qu'il faut agir, pour se perfectionner dans l'art de la réponse, c'est-à-dire :

Profiter de l'esprit épars ;

En admirer les fusées brillantes,

Mais bien se garder de les ramasser, car, au lieu des gerbes étincelantes qu'elles ont personnifiées, on ne posséderait que des débris calcinés et ternes.

Le défaut des redites se présente encore sous d'autres formes :

La complaisance avec laquelle on répète une réponse heureuse, en l'appliquant à diverses situations.

Le fâcheux penchant à la reproduction des mêmes termes.

L'abus de lieux communs, qui sont eux-mêmes autant de redites, aggravées du manque d'initiative.

Trop de gens sont enclins à vivre sur un succès de parole, fût-il passager ou frivole.

Une grande dose de vanité, unie à la nonchalance, les empêche d'en chercher d'autres et elles épuisent le premier, jusqu'à la fatigue, non dissimulée, des auditeurs.

D'autres, sans se préoccuper de l'originalité de la pensée, se contentent de ces phrases, que l'on pourrait appeler « phrases omnibus », car elles servent à tout le monde, dans tous les milieux et dans toutes les circonstances.

Ceux-là feront sagement d'éviter un conflit, car s'ils ont affaire à un adversaire qui a cultivé l'art de la réponse, eussent-ils cent fois raison, ils seront bafoués et feront rire à leurs dépens.

Un autre travers, commun à beaucoup de gens, est de vouloir avoir de l'esprit quand même.

Ils ignorent ou ils ont oublié le célèbre vers de Gresset :

> L'esprit qu'on veut avoir gâte celui qu'on a.

Ils devraient cependant longuement méditer cet apophtegme, et prendre des résolutions dont les principales se détermineraient ainsi :

Cultiver l'esprit que l'on porte en soi.

S'efforcer de l'augmenter par des apports constants.

Exercer sa loyauté personnelle dans le contrôle de cette amélioration.

Se défier des réminiscences et des phrases qui ont traîné partout.

Rechercher surtout la qualité des traits d'esprit et non leur abondance.

L'habileté dans l'art de la réponse est à ce prix :

« Ne forçons point notre talent », disons-nous au début de ce chapitre.

Un penseur célèbre a traduit par une phrase d'un laconisme et d'une précision remarquables, la mentalité à laquelle cet avis fait allusion.

C'est celle qui consiste en un désir, souvent intempestif de faire de l'esprit à tout propos.

« Quand on court après l'esprit, dit Montesquieu, on attrape la sottise. »

Il ne faudrait cependant pas se méprendre au sens de cette ironique maxime.

Montesquieu était bien loin de préconiser l'inertie mentale.

Il ne voulait pas conseiller de se laisser aller à la paresse intellectuelle.

Il voulait simplement recommander de ne chercher que l'esprit de bon aloi.

Il prétendait ainsi encourager les efforts personnels.

« L'esprit qu'on a » est celui qu'une activité cérébrale bien comprise fait naître.

« L'esprit qu'on a » n'est jamais celui dont parle Talleyrand, qui, jeté négligemment par les trop opulents cerveaux, est ramassé par les intelligences prétentieuses et dépendantes.

« L'esprit qu'on a » est celui qu'on a cultivé, amélioré tous les jours et qui, habilement et fréquemment sollicité, finit par devenir aussi naturel que s'il était un don de naissance.

Cet esprit-là fait partie de celui qu'on jette et dont on laisse les déshérités se partager les miettes.

Mais pour en arriver à ce degré de prodigalité, on a dû se pénétrer des conseils donnés au cours de ces pages, car on ne saurait assez le redire : la réponse facile n'est pas exclusivement le résultat d'une disposition naturelle, c'est celui d'une application et d'un désir soutenus.

On ne pourrait nier cependant, que certaines personnes se trouvent mieux douées que d'autres, quant aux qualités qui facilitent cette acquisition.

Il est néanmoins dangereux de se fier à cette trop grande facilité, qui amoindrit l'application et finit trop souvent par annuler l'effort.

Or, aussi bien en ce qui concerne l'art de la réponse que dans toutes les autres acquisitions de l'intelligence, l'étude persévérante est nécessaire.

Il ne faudrait cependant pas se méprendre sur le sens

de ce conseil et s'effrayer à l'idée d'une tâche toujours renouvelée.

Quelques instants suffiront tous les jours, si on les emploie judicieusement.

Outre les recommandations que nous avons déjà faites, on devra encore s'occuper de ce que nous pourrions désigner sous le nom de labeur physique.

Ceci encore ne prendra que peu de temps et n'exigera qu'une certaine habitude d'attention.

Nous voulons parler de la voix et de la prononciation.

Il est, il est vrai, beaucoup de gens d'esprit qui, sous ce rapport, sont mal partagés et sont classés quand même.

Mais si ces gens se trouvaient en conflit avec des adversaires aussi bien doués qu'eux sous le rapport de la verve et dotés en plus d'un organe agréable et d'une prononciation harmonieuse, toute leur richesse verbale ne suffirait pas pour lutter avec avantage.

Pour être certains de recueillir des auditeurs bienveillants, on doit se préoccuper de leur épargner une fatigue.

Or, les défauts physiques d'un orateur, outre l'impression pénible qu'ils causent, amènent toujours une sorte d'énervement, dû surtout à l'appréhension du retour de ces désagréables sensations auditives.

Il sera donc essentiel, si l'on a un vice d'élocution de chercher à le combattre.

Quant à ceux qui sont purs de toute tare concernant l'éloquence, ils auront aussi un devoir à remplir : celui de se perfectionner.

Les réponses les plus pimpantes, comme les répliques les plus profondes n'auraient jamais porté si elles avaient été proférées en balbutiant ou en zézayant.

Cette étude devra donc se joindre aux observations que nous avons déjà faites.

Qu'on n'objecte pas le manque de temps pour s'y soustraire.

Quelques minutes tous les jours suffiront pour affermir la voix et assurer la pureté de l'élocution.

Il est encore un exercice dont la pratique réitérée est précieuse dans l'art de la réponse.

C'est celui qui consiste en une sorte d'examen solitaire, au cours duquel on s'habitue à répondre sans hésitation à une question posée, ou à donner la réplique à un argument spécieux.

On se trouve à tout moment en face d'une situation, étrangère ou personnelle, qu'une réplique mettrait au point.

Suivant les circonstances, cette réplique sera délicate ou brutale, ardente ou frivole, persifleuse ou enthousiaste.

Dès qu'on l'aura élaborée, il sera bon de la noter et de ne la revoir qu'au bout de quelques jours.

Avec le recul du temps, la réflexion et le calme, on pourra la juger impartialement.

On en relèvera les défauts, on en cisèlera la forme et... on ne s'en occupera plus.

Cette dernière phrase semblera singulière à coup sûr.

Pour quelle raison, dira-t-on, ce travail qui ne doit servir à rien ?

Ne vous y trompez pas. Ce labeur sera des plus fructueux, car toutes les observations, toutes les corrections faites, seront autant de réserves emmaganisées dans le cerveau.

Elles y dormiront un temps plus ou moins long, peut-être. Mais vienne une circonstance analogue à celle qui dicta la réponse laborieusement élaborée, celle-ci se dressera toute vibrante, enrichie de l'actualité qui va la parer.

Tout exercice concernant les réponses est un apport fait à l'intelligence, qui sait le faire fructifier au centuple.

C'est le secret de tant de gens, dont les répliques ont passé à la postérité.

Ceux-là n'ont pas « forcé leur talent », ils l'ont augmenté, intensifié et en même temps affiné.

Aussi bien dans la boutade brutale que dans la plus délicate réplique, ils ont observé, outre les conditions primordiales de cet art si particulier, la recherche du rythme et de l'harmonie, qui doivent présider à tout ce qui se rattache à l'intelligence.

Voilà pourquoi l'art de la réponse facile est, sous son apparence primesautière, l'un des plus subtils, et, il suffirait de feuilleter l'histoire pour se convaincre que maint personnage de jadis, dont le nom est populaire de nos jours, n'a émergé de l'oubli que par la vertu d'une réplique, dont l'à-propos et la profondeur lui ont valu de traverser les siècles.

TABLE DES MATIÈRES

4459. — Tours, imprimerie E. Arrault et Cie.

www.ingramcontent.com/pod-product-compliance
Ingram Content Group UK Ltd.
Pitfield, Milton Keynes, MK11 3LW, UK
UKHW012043240726
13965UKWH00003B/1004

9 782013 584715